振り向けば、アリストテレス

高橋 健太郎
KENTARO TAKAHASHI

柏書房

まえがき

アリストテレスという名前を一度は聞いたことがあるでしょう。

ただ、正直な話、聞いたことがあるだけで、彼が誰なのか、何をした人なのか知っている人はあまりいないのではないでしょうか。あまりに不遇。

彼こそ**人類のあらゆる物事についての考え方を方向づけた**思想界のビッグネームであるのに！

いま「人類のあらゆる物事についての考え方を方向づけた」と書きました。これがほとんど誇張にならないところが彼のすごいところ。

「正しく生きるとはどういうことか」、**「正しい政治とは何か」**、**「物語はどのように書かれるべきか」**、**「理性と欲望の関係とはどんなものか」**、**「論理的に考えるとはどういうことか」**、**「神とは何か」**などなど。これらについての彼の答えは、いずれも人類の遺産ともいえるもの。現在に至るまで幅広い学問・思想に極めて重要な影響を与えています。

そして、ここからが大事です。アリストテレスの考えたことは、**それほど重要な割には知られていない**。特に日本では。それはなぜか。理由は様々あるでしょうが、ごく公平に言えばこうです。

彼の著書は面白くない。

難解な用語ときわめて理屈っぽい文体。いや、もちろん研究者や哲学好きが読めば違いますよ。内容としては、「**人間としての必須教養**」ともいえるものなんですから。しかし、たとえば、ごく平均的な友人に「面白いよ」と勧められるかと言えば絶対に無理です。これは、読み物としても一級品であるプラトンの哲学書との大きな違いでしょう。

このアリストテレスの不利な状況をいかにすべきか？

そこで、本書では、「**もしアリストテレスが日本で生き返ったら**」というフィクションの形をとることにしました。彼自身が悩める人々と出会い、**アリストテレス哲学の重要箇所**を分かりやすく語ります。また、理解の助けとして、彼の語る言葉には注を付して著書の中の該当部分を示し、加えて各章末には取り上げた各著作の「**超高速ダイジェスト**」も付けました。

では、そろそろまえがきもこのくらいにして、あとはアリストテレスの語るに任せましょう。最後に念のため繰り返しますが、本書は、**アリストテレスの語る哲学以外の内容は、絶対にフィクションです**。決して誤解なきように。

振り向けば、アリストテレス

世界一わかりやすいアリストテレス入門

あっしでもわかった！

某居酒屋の頑固オヤジ談

不死鳥出版社

振り向けば、アリストテレス――目次

第一章 合コンでモテたい！

――『ニコマコス倫理学』

第二章 スピーチをうまくやりたい！

――『弁論術』

第三章 政治がうまくいかない！

――『政治学』

第四章 泣ける小説が書きたい!

――『詩学』

第五章

二日酔いをなおしたい！

──『問題集』

第六章

まったくいったいなんなんだ！

——『形而上学』

第一章

合コンでモテたい！

『ニコマコス倫理学』

「愛とは何だ？」――アリストテレスは言った

吾輩《わがはい》は猫ではない。女子大生である。

名前も無論ある。姓を猫石《ねこいし》、名をナツメという。

吾輩は銀保町《ぎんぼうちょう》の書店の一角で本を立ち読みしている。

初めて来訪する類の一角であるからして、やや緊張の思いもあった。陳列された書名を見ても、いちいち得心がいかぬ。『恋愛成功のためのガチモテルール88』、『オクテのための「彼」を引き寄せる法則』、『三分で恋人ができる！　熱血恋愛力教室』。どれもおよそ恋愛の荘厳に似つかぬ、軽佻浮薄《けいちょうふはく》なものばかりである。

とりわけ、今手にしている『絶対好きな人に好かれる本』とはなんであるか。果たして、この書名中の「絶対」がかかるのは「好きな人」であるか、「好かれる本」であるか。前者であれば、なにがあろうと絶対に好きな人がおり、それに好かれるための本ということになるが、後者であれば、好きな人に、なにがあろうと絶対に好かれるための本であることになる。このような曖昧《あいまい》にして明瞭を欠く書名が大手を振って流通するほど昨今の大衆の国語力は低劣化している。

ただし内容は素晴らしいの一言に尽きる。

吊《つ》り橋《ばし》などにおいて緊張感を相手と共にすると好意を持たれやすい、すなわち「吊り橋効果」。出会う回数を増やすだけで好意を持たれやすくなる、すなわち「ザイオンス効果」。相手の動作に合わせて同じ動作をすることで好意を持たせる「ミラーリング」。吾輩の知らぬことばかりがあたかも巨大な知識の宝庫のように収められているではないか。

昨今の恋愛工学は吾輩のあずかり知らぬうちに実にここまでの進展を見せていたのである。これでは先だって初めて参加した合コンなる会合において、吾輩が一言も発することができず一種のオブジェと化していたことも自然だったと言えるのではないか。顧《かえり》みるに、すなわち周囲はこのような恋愛工学的技術で武装し、あの場に臨んでいたに相違ないのである。ならば、吾輩もすぐにこの『絶対好きな人に好かれる本』を購入し、一刻も早く恋愛工学的武装を万端に整えなければいけない。

吾輩が本を携《たずさ》えレジスターのある一角に向かおうとすると、声をかけてきた者がいる。「そんなくだらない本を買うのはやめるがよい」。

振り向くと、白い布を巻き付けたような服を着た目の小さな痩《や》せた外国人風の男が立っている。

「私はアリストテレスだ」と男は言った。吾輩は「猫石ナツメです」と答えた。

吾輩は日本の文学をこよなく愛する国文学科の学生であり、西洋哲学を専門とする者ではないが、アリストテレスぐらいは知っている。古代ギリシャの大哲学者だ。何より知っているのは、目の前の男がアリストテレスではないことである。二十数世紀前の人間が現前するなどという出来事は、当世風の下らぬ通俗小説の中にしかない。

一方で本人がそう思っているのであれば、それはそれで吾輩は一向にかまわない。さらに一向にかまわないのは、アリストテレス氏が「昼飯を奢《おご》る」との提言を吾輩にしてきたことである。吾輩には金がない。国文学研究に打ち込まんと佐賀県佐賀市から勇躍東京に出てきたが、目下の生活は苦しい。苦学生である。

「本来であれば、哲学とは道を逍遥《しょうよう》しながら行うものだがね」

アリストテレス氏は喫茶店「トロールパーク」の席において、顔下半分を覆うひげを撫《な》でた。逍遥とはきままにぶらぶらと歩くことである。空腹の身の上で歩き回って哲学などされてはたまらない。危ういところであった。

「ナツメよ。私の見たところ、君は愛されたいわけだろう」

吾輩は無心でむさぼっていたチーズピラフを吹き出してしまう。

「何を急に言うんですか」

「愛とは何だと思う」

初めて会った女子大生を喫茶店に連れ込み愛を語るなど変態的所業である。一方で吾輩にも飯を奢ってもらっている弱みがあるものだから邪険にもできない。

「罪悪そして神聖なもの、でしょうか」

吾輩は愛する作品のフレーズを引用して答えた。とっさに出た答えに吾輩は満足した。十分に文学的である。

「なるほど。では、その罪悪そして神聖なものを獲得するために君は『絶対好きな人に好かれる本』なる作品を買おうとしたわけか」

「いや、それは」

「それはなんだね」

吾輩はアリストテレス氏の返す刀にバッサリ斬られてしまい、言葉が出なくなってしまった。たしかに件《くだん》の本を買おうとしたことこそ吾輩の愛における敗北を象徴する出来事なのだ。

小学校の時分よりこれまで古典から近現代に至るまでの様々な愛を描いた文学作品に親しみ、口には出さずとも心中深く愛の博士を自認してきた。その吾輩が大学入学後いよいよ恋愛の実践に乗り出そうとはしたものの、いざとなると何をしていいのやら皆目分からず、これといった恋愛的事象も一切経験しないまま半年を過ぎ、慌てて軽薄淫乱の呼び声高い同級生の女子・綺羅星《きらぼし》アスカ君に依頼および談判をして合コンなる会合に参加したのが、つい先日のことであった。結果たるや惨憺《さんたん》たるもの。その惨憺の内容を思い出すことさえはばかられる。

その経験から、吾輩は愛には何か別のものが必要なのではないかと、書店における未踏の地であった恋愛指南書の一角を訪問したのだった。

愛は人生にとって最も必要不可欠なものである

「君は学生なのか」

「はい」

「女が学問をするなど分を過ぎたことだと思うが、ここはギリシャではないから何も言うまい。それで何を勉強しているのかな」

「日本文学です」

「こんなギリシャから遠く離れた僻地《へきち》にろくな文学などない気がするが」

逐一言うことが失礼であり吾輩はいささか憤慨する。このアリストテレス氏、心底からの男性中心主義者にしてギリシャ中心主義者であるらしい。ここは女性のため、日本文学のためにいささかの弁護をしておかなければならないだろう。

「日本の文学は世界的にみても優れたものがあると思いますよ。たとえば『源氏物語』。これなどは女性が書いたものですが」

「それは今探究すべき事柄と関係がないからおいておくこととしよう」

意気込んだ吾輩に対してアリストテレス氏は自分勝手に話を打ち切る。

「ともかく、君もやはり知ることを欲する者であるわけだ※1」

「知ることを欲する者と言ったら大袈裟《おおげさ》かもしれませんが」

「では、ぜひとも愛についても知っておかなければならない。愛は人の生き方にとって最も必要不可欠なものなのだから。[※2] そして、最も美しい愛を経験したいのならば」

アリストテレス氏の愛について知っておかなければならないという言葉に、心中うなずきかけた首が半分程度で停止する。

吾輩は愛について十全なる知識を備えながらも、いまだ愛を経験していないのである。知識は愛に対して無力ではないのか。

「私はいろんな文学作品を通じて、愛について十分知ってきたつもりですが、そんな知識は実際の合コンで役には立ちませんでしたよ。一方で、そんな知識はないと思われる友達の立ち回りは、実にすごかった。本当に知ることは役に立つんですか」

吾輩の反論を聞き、「私の考えでは」と重々しくアリストテレス氏は言葉を続ける。

「人間の学問には、

1　知るためのもの

2　行うためのもの

3　何かを作るためのもの

※1　〈すべての人間は、生まれつき、知ることを欲する〉（『形而上学《けいじじょう》』第一巻第一章）

※2　「愛（友愛）」についてのアリストテレスの考察は『ニコマコス倫理学』の第八巻と第九巻に。アリストテレスはその冒頭、愛について〈人の生き方にとって、もっとも必要不可欠なもの〉と言っている。

の三つがある。これを私は**理論的、実践的、制作的**という言い方で区別しているがね。※3
知るための学問とは、存在についての研究や自然科学のようなもの。行うための学問とは、正しい生き方を探究する倫理学など。作るための学問とは、建築や彫刻、詩や弁論の研究がそれにあたるだろう。知るための学問では、物事の真理が分かればそれでよいが、他の二つではそうはいかない。行うための学問は生き方に生かされなければ意味がないし、作るための学問はあくまで作品に生かされなければ意味がないのだ。では愛の研究はどれにあたるだろうか」

「行うための学問ですか」

「そうだ。**愛の研究は実際に愛し愛される人間となるのでなければ意味がない**のだ。君の過ちは、愛の研究をあたかも知るための学問のように考え、知るだけで満足してきたことにある。それでは実践のための役には立たない。愛はその何たるかを知っただけでは十分ではない。むしろ実際に行うために知られる、そんな知られ方をしなければならない事柄なのだ」

愛は行うためにこそ知られなければならない、とは名言であるとは思うが、一方でそれは吾輩が薄々感じていたことでもある。

「だからこそ、さっき本を買おうとしたんじゃないですか。実践するための知識を仕入れるために。それを止めたのはあなたですよ」

眼下には冷えて固まったチーズピラフの食べ残しがある。吾輩はそれをスプーンですくって口に運ぶ。アリストテレス氏はオリーブの実を注文して断られたために、目の前には冷水が一杯あるのみである。

「ああした通俗的な本に書かれている技術など、所詮、小手先のものにすぎぬ。よいか、ナツメ。ああした小手先の技術のおかげで相手に愛されたとしようではないか。しかし、そうして獲得された愛が善いものである保証はあるのか。相手の愛が快楽を目的とした愛、あるいは何かに利用するための愛でない保証はあるのか」

むうと吾輩は黙り込んでしまった。先ほど出会ったばかりのアリストテレス氏の大演説は続く。

「だからこそ、美しく愛し愛されるためには、まず最も美しい愛とは何かを踏まえなければならない。すべての実践はそこから始まらなければならないのだ」

最も美しい愛などとは、巷《ちまた》においては身の毛もよだつ恥ずかしい言葉であろうが、吾輩は嫌いではない。むしろ大いに好むところである。こうした点が、吾輩が周囲と齟齬《そご》をきたし、ややもすると変態視されてきたゆえんであろう。「ナツメって変わってるよねえ」という音波が吾輩の鼓膜を振動させてきた数は数えきれぬほどだ。

「では、最も美しい愛とはどんなものなんですか」

「その事柄を知るには、まず人が人を愛する理由を知らなければならない。これには三つあ

※3　この学問の三分類法は『形而上学』第六巻第一章で考察されている。

る。すなわち愛には、

1　相手の善さゆえの愛

2　快楽ゆえの愛

3　利用するための愛

がある[※4]」

後者二つは容易に了解できる。快楽ゆえの愛とは身体的快楽による結びつきであろう。身体的快楽の具体的内容については、吾輩の赤面を回避するために考えない。利用するための愛とは相手の持つ金銭や権力等のゆえに愛することに相違ない。

「あの、相手の善さゆえの愛って、具体的には」

「**相手の心の持つ善さを愛すること**である。これが最も完全で美しい愛なのだ。快楽や利用のために愛する者たちの醜態は君も見るだろう。彼らは相手から快楽が得られなくなったり、役に立たなくなればすぐに愛することをやめる。ざっくばらんに言えば、彼らはとっかえひっかえなのだ。身体的なよさや権力財力は所詮、相手の本質ではない。その時々の状況でたまたま付属しているにすぎないものなのだ。これらは状況の変化とともに必ず去る。だからこそ、それらを目当てにした愛は長続きしない。しかし、心の善さを愛し愛されている場合は違う。心の善さはその人の本質であり、容易には去らないからだ」

吾輩は実に得心がいった。身辺にたとえをとれば、吾輩の同級生であり先日の合コンの主催者であった綺羅星アスカ君などは、実に毎月のように連れ立って歩く男性が変わっている。相手は非常なるイケメンであったり、財力潤沢《じゅんたく》な中年であったりするわけだが、これなど快楽や利用に基づいた愛ゆえに刹那的にならざるを得ないということではないか。本人は「なんか飽きちゃうんだよね」などと発言しているが。

「そこでナツメよ。君が本当の意味で愛し愛される人間になるためにしなければならないことだが、これは以上論じてきたことから、自《おの》ずから明らかだろう」

「どう明らかですか」

「君は**善き人**にならなければならない」

善き人とはいかにも無内容な言葉である。具体的には何であるか。吾輩は何になればいいのか。釈迦《しゃか》やイエスのような聖人になれとでもいうのか。ふと机の上に配置しておいたスマホを見ると、十三時二十分と表示されている。そろそろ大学に戻らなければならない。アリストテレス氏の演説は続いている。

「では本題に入るとしよう。善き人とはいかなる人間を言うのか」

「すみません。ちょっと時間が。ごちそうさまでした。ためになるお話をありがとうございい

※4　〈愛されうるものとは、「善いもの」であるか、「快いもの」であるか、「有用なもの」であるかのいずれかだと考えられる〉(『ニコマコス倫理学』第八巻第二章)。第八巻は、こうした動機の違いを一つのキーポイントとして、愛(友愛)の考察が行われる。

ました。私は授業があるので」

吾輩は謝罪と感謝と別れの挨拶《あいさつ》を続けざまに言うと立ちあがる。

アリストテレス氏は淡々と「では、この事柄については、のちに詳しく検討しよう」とだけ言って吾輩を見送った。アリストテレス氏の本題なるものにいささか興味をひかれた自分に驚いたが、大学生の本分たる授業をおろそかにするわけにはいかない。


吾輩が授業後筆入れに鉛筆や消しゴムなどを収納していると、寒月迷子《さむつきめいこ》君が話しかけてきた。迷子君は吾輩の友人である。我がクラスにおいては、勉学に熱心なグループと不熱心なグループがあるが、迷子君はさしずめその間の中道といったところであろうか。ちなみに綺羅星アスカ君は不熱心グループの急進派であり、授業にはほとんど顔を見せない。

「ナツメ、アスカと合コンに行ってきたんでしょ。どうだった？」

迷子君の興味の視線を受け止めつつ、吾輩はお茶の濁し方の思案を余儀なくされる。

「どうだったって、普通だったよ」

吾輩は、自分がオブジェとして沈黙を余儀なくされていたことを告白するほどの率直さは持ち合わせていないために、通り一遍の答えを返す。

「普通だったってなによ。教えて、教えて。どうだったの？　かっこいい人とかいた？」

迷子君は事情聴取の手を緩めようとはしない。振り返ってみれば、あの合コンの場にいた男性諸氏は吾輩の好む類ではなかった。着ている服から話す内容とその調子に至るまで、当世風に言えば「チャラい」あるいは「ウェーイ」という言葉が正寸で当てはまるような軽薄な人物たちであり、アリストテレス氏の言うところの快楽ゆえの愛だけを追求する人物たちであった。否、思い返せば、理由不明ながら一人だけ誠実そうな中年男性が参加していたが、その人物は周囲の低劣にあきれたのか中途で脱出した。

ともかくそうした獣的男性群に対して、あるいは近づきあるいは遠のくことで右へ左へさばいていくアスカ君およびその友人たちの手腕には脱帽したが。

「あんまりいなかったなあ」

「一人ぐらいいいたんじゃない？」

「いないよ」

「じゃあ、今日昼一緒にいたヘンな恰好《かっこう》したハーフっぽい人って、合コンで知り合ったんじゃないの？」

吾輩は慌てる。とっさのことに舌が攣《つ》って言葉が出ない。

「たまたま銀保町の方に行ったら、トロールパークで話してるの見ちゃった」

「あ、あれはアリストテレスだよ‼」

破裂した吾輩の大声は人も少なくなった講義室で、衆目を集めるに充分であった。誰しもが吾輩を見ている。

「アリストテレス……ってどういうこと？」

「いや、アリストテレスみたいな人ってこと。と、とにかくその人は関係ないから」

迷子君は「ふーん」と言ったきり、それ以上は追及しようとしない。あまりに異常な発言はそれを問い質《ただ》す側にも勇気を要求するものだ。

「徳」を愛し合うのが最高の愛の形である

その日の夜、吾輩はサークル棟にある富士見坂文学会の部室を出て、迷子君と帰路を共にすることにした。

富士見坂文学会とは吾輩の所属する文学サークルであり、文学作品の創作、批評、普及を主な活動としている。この度の学園祭では我がサークル出身の小説家である森典英《もりのりえい》氏を招いての講演会を予定しており、その打ち合わせのために部員が招集されていた。

ちなみに迷子君は空手道部に所属しており、今日も稽古《けいこ》に励んできたそうだ。

大学構内正門までの道を歩きながら、迷子君が言う。

「森典英って一時期は評判になったけど、最近そんなに名前を聞かないよね」

「たしかにそうだね」

「そういえば、ちょっと前に雑誌かなんかに短編が出てたけど全然面白くなかったよ」

迷子君の批評は厳しい。いや単に「全然面白くない」では、批評というよりはむしろ罵倒《ばとう》である。

突如吾輩の心臓が緊張する。なんと前方に見える正門から東条鳴彦《とうじょうなるひこ》氏が歩いてくるではないか。東条氏は国文学科の一つ先輩であり管弦楽部に所属している。担当はコントラバスであり、低音で地道にオーケストラを支えていた。東条氏は吾輩たちの姿を認めると、手を振りながら近づいてくる。

「猫石さんと寒月さん。帰り？」

「そうです。帰ります」吾輩は答える。迷子君が訊《き》いた。「先輩はまだ練習ですか？」、「部の演奏会が近いからね。そうだ、演奏会来てよ」、「ぜひぜひ！」と迷子君が高い調子で答えたところで、東条氏は「もう行かなきゃ。じゃあ」と言ってわれわれの元から去っていった。吾輩はその背中を見送る。

「好きなんでしょう」

迷子君が言う。

「そんなわけないでしょ」

吾輩は否認する。否認したがそれは嘘《うそ》である。吾輩は、大学入学直後にあった新入生のためのオリエンテーションキャンプなる泊りがけの催し物の際に初めて東条氏と会って以来、気品を感じさせる風貌と話しぶり、その奥底に光る温和だが決して軟弱ではない高潔な人柄に心を奪われてしまった。一言でいえば、吾輩は東条氏を愛している。東条氏は吾輩の名前も記憶しており、構内で会えば必ず声をかけてくれる。その度に吾輩の心臓は緊張してしまうのだ。

しかし、単に愛するだけでは何も起こらないことを、吾輩は痛感した。吾輩の恋愛は脳内に彼の映像と音声を蓄積するのみで、なんらの発展を見ていない。恋愛的発展はいかにして起こるのか。吾輩は東条氏への思いについて半ばあきらめかけている。

「なるほど。君は彼を愛しているわけか」

振り向くと、そこには例のアリストテレス氏がいた。相変わらず白い布の服を着用している。ここは出口も近いとはいえ大学構内である。我が大学の守衛環境は一体どうなっているのか。

「あ。アリストテレス」

迷子君がぽつりと言う。アリストテレス氏は吾輩の肩に手を置く。

「君との愛の探究は中断されている。結論を導き出さなければならないであろう」

「愛の探究？　ナツメ、この人と何やってるのよ！」

迷子君が絶叫した。吾輩は肩に置かれたアリストテレス氏の手を払った。

「何って、ご飯奢ってもらったから話し相手になっただけよ」

「それ、プロの女のやり口よ！」

迷子君が再び絶叫する。吾輩はプロの女と言われて悪い気はしない。恋愛にはむしろプロの女的な技術が必要なのではないかというのが、吾輩の最近の結論でもあったからだ。

その後、われわれは中華料理店「ワンフー」に腰を落ち着けた。ワンフーは大学のある銀保町界隈《かいわい》でも一等高級な店として知られており、とても学生風情《ふぜい》の出入りできる場所ではない。ただアリストテレス氏はよほどの金持ちとみえて、迷子君が猫なで声で、冗談半分を装ってねだったところ、即座に応諾したのである。プロの女のやり口だ。

店に入った迷子君が容赦なく次々山海の珍味を注文したため、円形回転式のテーブル上は満漢全席《まんかんぜんせき》もかくやという様相を呈していた。いささか会計が心配になる分量である。思わず「すみません。こんなに」と吾輩が迷子君に代わって言うと、アリストテレス氏は「金銭についての心配は、自由人にふさわしくない」と返し、「それよりも、われわれは愛についての探究に戻り、結論を導かなければならない」と続ける。

「前回、われわれの探究は最も美しい愛のためには善き人にならなければならないという点にまで結論されていた」

「へえ。善き人ですか。善き人ってどんな人ですか」

迷子君が北京《ペキン》ダックを食しながら質問する。

「当を得た質問だ」

一方、アリストテレス氏は名物の激辛麻婆豆腐《マーボー》を慣れない手つきで食べ、顔をしかめて一言「なんらかの毒草が入っていると推論される」とつぶやいてから、料理に手を付けていない。

「善き人とは何か。それは心に徳を持ち、それに従って行動する人のことである。最も美しい形で愛し愛されたいのであれば、**相手の徳を愛し、自分の徳を愛されるのでなければならない**。では徳とは何か。それは、つねに理性ある者として正しく行動できるような人柄のことである」

「全然わかんない」

そう端的に切って捨てた迷子君は、先ほどから激辛麻婆豆腐を盛んに食べている。

「では、女にでもわかるような説明を心掛けよう」

「一丁お願いしまーす」

迷子君はアリストテレス氏の差別発言を意に介さず、発汗おびただしい様子で激辛麻婆豆腐を無心で口に運び続けている。

「私の考えるところでは、**徳ある者の感情や行動はすべて中間なのである**。[※5]この中間をギリシャ語でメソテースというが、それはまあよい。中間とは過剰と不足のちょうど中間である。より分かりやすく言おう。徳ある者の感情や行動には、つねに丁度よさがあるということだ」

吾輩はアリストテレス氏の話を聞きながらチャーハンを食べているが、アリストテレス氏は相変わらず何も口にしない。

「たとえば、徳ある者は怒るべき出来事に対しても、丁度よく怒るであろうし、悲しむべき事態に対しても丁度よく悲しむ。友人を助けるにしても、丁度よく助けるであろうし、金を使うにしても丁度よく使うに違いない。つまり、徳ある者は何事にも過剰だったり、足りなかったりしないのである。このように、あらゆる感情や行動がそうした中間、丁度よさに彩られる人物こそ我々は徳ある者、あるいは善き人と呼ぶであろう」

「でも、そんな正しいだけの人、つまらなくないですか？」

さらに迷子君がかみついた。アリストテレス氏は淡々たる様子で語り続ける。

「つまらなくはない。むしろ、人柄に極端なところのない徳ある者は、健全な人々にとって最も快《こころよ》い印象を与え愛される人物なのだ。これを嫌うのは一部の醜《みにく》い人々だけであろう。また、言っておくが、徳ある者は冗談の通じない堅物ではない。無論、過剰に笑わせることに専念してもならないが、適切に冗談が言えることも徳の表れの一つであろう」※6

ここでアリストテレス氏はいったん咳払《せきばら》いをした。

「たとえば、徳ある者が語るにふさわしい笑い話にこんなものがある。ある日、ソクラテス

※5　「徳は中間」というアリストテレスの考え方は『ニコマコス倫理学』第二巻第六章に。

※6　適切に冗談を言える人をアリストテレスは「機知に富んだ人」と呼んで、中間の徳の持ち主としている（『ニコマコス倫理学』第四巻第八章）。

がプラトンとともに歩いていた時に、道に腐りかけたオリーブの実が落ちていた。そこでプラトンが」

「じゃあ、どうすればそういう感情も行動も丁度いい感じの人になれるのか、具体的に教えてよ。どんな自分磨きが必要なのよ」

迷子君が問い詰めるとアリストテレス氏は自身の笑い話の余韻のようなものを二言三言つぶやいたあと黙った。数秒の経過ののちに再び口を開く。

「ある日、ソクラテスがプラトンと」

「いいって言ってるでしょ」

徳ある者となるために、ロゴスに従って生きよ

アリストテレス氏の笑い話への執着はここにとどめを刺された。迷子君が麻婆豆腐の影響で赤くなった顔でさらにまくしたてる。

「ナツメは東条先輩に愛されたいのよ。そこを詳しく語ってよ。具体的にはどうすればいいの。この子は片思いしかできない、恋愛の経験もない、誰からも愛されない可哀《かわい》そうな子なのよ」

「やめて。後半が悪口になっているわ」吾輩は即座に介入した。

「私の観察したところ、たしかにこの娘は東条なる人物を愛しているようだ」

「そんなことないですよ」

吾輩が否認するとアリストテレス氏は、

「いや。東条なる人物と出会った時の君の挙動や呼吸、発言等は恋する者のそれであると推論できる。私は動物の観察を入念に行ってきたから、※7 発情した動物についてはよく分かるのだ」

吾輩が思わず、

「他人の恋心を発情よばわりとはあんまりじゃないですか」

と言うと迷子君が、

「ほらー。やっぱり恋心なんじゃん」

と勝ち誇る。吾輩の顔面に血が集まったのが感じられる。

「では、どのようにすれば人は徳ある者になることができるのか。結論から述べれば、**人は徳ある者のように振る舞うことで、徳ある者となる**のだ。勇気ある行為の積み重ねが勇気ある人柄を生み、正しい行為の積み重ねが正義の人柄を生む」

「しかし、それって変じゃないですか」

吾輩は口をはさみ、浮かんだ疑問を口にする。

※7　アリストテレスは、『動物誌』など詳細な観察に基づいた動物学の著作を複数残している。

「徳のある振る舞いができるようなら、その人はそもそも徳のある人でしょう。徳のない人間には徳のある振る舞いはできないんじゃないですか」

「そうではない。たしかに優れた容姿などは、生まれつきそれらがなければどうにもならない。誰もが努力によって美男美女になれるわけではないであろう。しかし、徳に関してはそうではない。徳は習慣の積み重ねによって生じる。[※8]つねに感情や行動の過剰や不足に注意して、丁度いい振る舞いを心掛けることで、その人は万人に愛される徳ある者となることができるのだ」

ここでアリストテレス氏はウーロン茶を飲み、「これは奇妙な味であるが美味である」とつぶやいてから話を続ける。

「たとえてみれば、よい大工ははじめからよい大工であったわけではなく、よい家を建て続けたことでよい大工になったのだ。演奏家もそうである。よい演奏家はよい演奏を繰り返すことでよい演奏家になるのだ。もしそうでなければ世の中に上達ということはなくなるだろう。徳もまたしかり。徳ある行い、丁度いい行いを繰り返すことで、人は徳ある者になっていくのだ」

「でもさあ。そもそも、なにが丁度いい行為かなんて簡単には分からなくない?」

迷子君が激辛麻婆豆腐を平らげて言う。

「無論、人生における個別の場面で、なにが丁度いい行為なのか厳密に決定することは、簡単なことではない。しかし、どうであろうか。ナツメよ、迷子よ。君たちも、こうすればよかったと己の行いを後悔したことがあるのではないか。あるいは現に怒りながらでも、自分の怒りが過剰であることが、『私、怒りすぎてるな』なんて分かっている場合があるのではないか。そうしたとき、君たちは確かになにが正解であるのかが分かっている。しかし、その正解に従えていないだけなのだ」

「たしかに。わかっちゃいるけどやめられないってことあるよね」

迷子君は五目そばをすすってから言う。吾輩はすでに満腹だ。

「その通りだ。今、迷子が言った『わかっちゃいるけどやめられない』という例はまことに適切であるから、これを利用して説明しよう。『わかっちゃいるけど』は何が分かっているのか。それは思考である。自分の中の考える部分は分かっているのである。では『やめられない』のは何がやめられないのか。それは欲望や感情である。自分の中の欲しがる部分、やりたがる部分がやめられないと感じているのである。つまり、思考が分かっていても欲望や感情が従わないという事態が人間にはあるのだ」

ここでアリストテレス氏は再びウーロン茶を飲んだ。

「私は、**徳ある者となるためには、ロゴスに従って生きなければならない**と思う。ロゴスとは日本語にすれば〝理性的な考え方〟とでもなるだろうか。このロゴスこそが、あらゆる感

※8　「徳は習慣で身につく」については『ニコマコス倫理学』第二巻第一章で考察されている。

情や行為について、丁度よさを教えてくれるものなのだ。人間の魂には二つの部分がある。
それが、

1　ロゴスを持った思考の部分

2　ロゴスを持たない欲望や感情の部分

だ。ロゴスに従って生きるためには、人間は欲望や感情ではなく、考える働きに主導権を持たせなければならない」

それに対して吾輩が疑問をぶつける。

「ただ、欲望や感情って自分ではどうにもならない面がありますよね」

「たしかに、欲望や感情自体にはロゴスがないために、訳もなく湧《わ》き上がってきてしまう。しかし、救いがあることに**人間の欲望や感情はロゴスの忠告を聞く**のだ。だからこそ、人間は食べるべきでない食べ物を我慢したり、勇気を出すべき時に恐怖を振り払うこともできる。そして、人生における各場面で思考を最大限働かせ、欲望や感情をロゴスに従わせ、ロゴスに従って行為していくことこそ徳ある者になるための訓練なのだ。言い換えれば、『わかっちゃいる』ならその通りに行為せよということだ[※9]」

「じゃあ、ロゴスに従って生きれば、徳が出てきて人に愛されて暮らすことができるってわけね」

迷子君が総括めいたことを言う。

「無論だ。そして、愛する相手にもそういう者を選ばなければならない。そしてお互いがお互いのそうした徳や生き方を愛すること。相手の徳のためになる物事を相手のために望み、堕落の種になるような物事は望まないこと。これが最も美しい愛であろう」

アリストテレス氏の説く恋愛論は、吾輩が文学を通じて触れてきた愛の理論に比べあまりに真っ当である。見方を変えればつまらない正論なのだとも言える。しかし、吾輩は魅了されてしまった。昨今、正論があまりにないがしろにされているのではないか。どこか崩れたところがなければ恋愛ではないなどという風潮は、あまりに偏っているのではないか。吾輩は大まじめに正論の愛を説くアリストテレス氏の姿にある種の感動を覚えてしまった。

「たしかにそうした愛は幸福でしょうね」

吾輩は言う。

「もちろんだ。人間にとって徳のない幸福はない。ロゴスに従って生きる以上の幸福はないのだ。では次に幸福という問題についても語っておこう」

そうアリストテレス氏が言った時、突然店に複数の人物が乱入した。

「いたぞ。あれがアリストテレスだ。捕まえろ」

人物たちはいずれも黒いスーツ姿の男である。若い者もやや年を取った者もいる。言動よ

※9　人間の中の、ロゴス（理《ことわ》り）のある部分とロゴスを持たない部分については『ニコマコス倫理学』第一巻第十三章など。

り察するに、目の前のアリストテレス氏を捕獲拘束しに来た者たちであるらしい。中の一人がアリストテレス氏に走り寄り腕をつかむ。「先生の元に来るんだ」、「なんだ。乱暴はやめろ」とアリストテレス氏が抵抗したところで、その若者がうめき声をあげて倒れこむ。立ち上がった迷子君のこぶしが若者の脇腹にめり込んでいた。

「逃げないと」

迷子君がアリストテレス氏の手を引き出口に走り出す。アリストテレス氏は「これが代金である」と言いながら店員に銀貨を放る。昼のチーズピラフ代もこれで払ったのであろうか。とにかく吾輩もそのあとに続かんと立ち上がる。立ちふさがる若者たちは迷子君の空手を駆使した乱暴狼藉《らんぼうろうぜき》で次々と倒れていく。

迷子君とアリストテレス氏はついに出口を走り出た。吾輩も息を切らせてその後を追った。

誇り高きギリシャ人・アリストテレス

吾輩と迷子君とアリストテレス氏は、ワンフーからかなり離れたビルの谷間にある小道に身を潜めていた。

「一体なんで追われてるのよ。あの人たちは誰」

迷子君が尋《たず》ねる。

「今のところ私の推論の及ぶところではない。そもそも私は死んだはずであるのだが、突然見慣れぬ場所に立っていたのだ。きわめて不可思議な事態ではあるが、**目の前に与えられた現実こそ第一の実体**である。※10 思考は目の前にあるものから出発しなければならない。私は早速、そこらじゅうの景色、建物、建物の中にあった書物らしきものなどを観察してみた。するとここがギリシャから離れることはるか東方の日本なる野蛮国であることや現在が私が死んで二千数百年後であることが分かった」

これだけを聞けば与太話である。しかし、実際に「あれがアリストテレスだ。捕まえろ」と叫ぶ人物たちまで現れてしまった。吾輩は質問する。

「あなたはアリストテレスなんですよね。なんで日本語の本が読めるんですか。というより、なんでそんなに流暢《りゅうちょう》に日本語を話すんですか」

「それも推論の及ぶところではない。気が付いたらそうなっていたのだ」

「そうですか」と吾輩は言うほかなかった。

「ともかく話を続けることにしよう。私は得られた材料から自分の置かれた状況について歩きながら思索を深めていた。ロゴスに従って。すると突然奇妙な恰好をした兵士のような人物たちが、いや私から見れば諸君らすべての恰好が滑稽《こっけい》千万であるのだが、ともかくそうした人物たちが私に対して数々の尋問《じんもん》を行った後に、パスポートを見せろなどと意味不明の指

※10　目の前にある個物が第一の「実体（本質存在とも訳される）」だという考え方は、『カテゴリー論』第五章などに。

示を出してきたのだ。そこで、私が、パスポートとは何であるか、諸君こそいかなる身分でギリシャ人たる私に尋問をするのか、と反論したところ、連行されてしまった」

「要は警察に捕まったのね」

迷子君が簡潔に要約する。

「連行された先において、私は尋問に対して堂々と答えた。私の名前がアリストテレスであること、ギリシャ人であること、哲学者であること、哲学の概要にいたるまで明瞭に回答したのだ。私の拘禁と尋問は数日に及び、尋問する人物は入れ代わり立ち代わりであったがどうも要領を得ない。そのうち大学なる場所で哲学を教えていると自称する人物が現れ、哲学についてごく初歩的な質問をしてきた。私が彼の質問に筋道を立てて答えてみせると、彼の表情は一変し悲鳴のようなものを上げてどこかに行ってしまった。その後もまた、髪の毛を採取されたりと奴隷的な待遇が続いたので、私は決断をして脱出してきたのだ」

「今簡単に言ったけど、脱出してきたってどうやって」

迷子君が訊くと、アリストテレス氏は平然たる調子で、

「部屋から部屋へ移動する際に、周囲の人物たちを殴り倒して脱出してきたのだ。いっぱしのギリシャ人であれば格闘術の心得ぐらいはある。※11 また、今の私は身体も軽くなぜか腹も減らないがきわめて健康なのだ」

と答える。

「じゃあ、あの店に入ってきた人たちは警察なんじゃないですか。警察っていうのはあなたを捕まえていた人たちのことですけど」

吾輩が尋ねる。

「そのことについて結論するだけの材料はないが、二つ分かっていることがある。一つは私が誰かから追われはじめたということだ。そして、もう一つは」

「なんですか」

「私に不当な拘留を甘んじて受けるつもりはないということだ。そんな不名誉を拒絶するだけの気高さは持っておきたい。[※12] それは徳ある者の条件でもあろう。そうなるぐらいであれば、私は死を選ぶ」

吾輩は一度死んだ人間が再び勇ましく死を選ぶと宣言していることに、いくばくかの滑稽さを感じた。

「これからどうするの」

迷子君が言う。

※11　ギリシャ人は体育訓練を重んじた。アリストテレスも『政治学』の中の第八巻第四章で、理想の政治体制（国制）における体育教育のありかたを論じている。ただし、アリストテレス自身にどの程度そうした心得があったのかは不明。

※12　アリストテレスによれば「気高さ」とは名誉に関する中間の徳。ちなみに過剰になれば「虚栄」、不足すれば「卑屈」（『ニコマコス倫理学』第二巻第七章）。

「私は十七歳の時にアポロンからの神託を受けて哲学を始めたのだ[※13]。私はあくまで哲学をしよう。この東方の国において人々と語らい哲学をしてみようと思う。私は生涯の波乱にあってもあくまで哲学の中で生きてきた。いまさらもう一波乱あったところで同じことだ」

「おお。かっこいいね」

　迷子君が口笛でも吹きだしそうな調子で茶化す。

「でもさあ。その恰好は目立つんじゃない」

　迷子君はアリストテレス氏の白い布の服を指摘する。たしかにアリストテレス氏の着用せる服は古典ギリシャ調そのものの趣《おもむ》きである。現代日本で言えばハロウィンや宴会においてのみ着用せらるる部類のものであり、通行人の特殊の注目を集めることは避けえないであろう。


　吾輩と迷子君はアリストテレス氏を夜遅くまで開いている「ユニムラ」という洋服屋に案内した。安価でありながら、ある程度の品質を維持した、吾輩も愛用せるブランドの店である。アリストテレス氏は店内に展示された洋服の数々を見て「なんと下品で奇怪な服たちであろうか」とつぶやいた。

　吾輩と迷子君は数ある品物の中から、白のシャツと灰色のチノパン等ワンセットを選んだ。アリストテレス氏はボタンやチャック等の概念を知らなかったが、説明するとすぐに理解し、試着室で着替えてみせた。

「むう。やはり野蛮で滑稽である」

「不当に捕まるよりはいいじゃないですか。捕まっちゃったら哲学ができませんよ」

吾輩が言うとアリストテレス氏は、

「たしかにナツメの意見にも一理ある。この場合、服装などは外的な事柄にすぎないと考えるべきかもしれない。それに」

はじめて会って以来仏頂面《ぶっちょうづら》だったアリストテレス氏の口元がほころぶ。

「窮屈かと予測したがなかなかいい着心地である。とくにこのチノパンなるものはよい。これは、この国において自由人にふさわしい服装であろうか」

「自由人の典型的な服装です」

吾輩はアリストテレス氏を安心させるための虚言を吐いた。

吾輩と迷子君はアリストテレス氏がこの先も再び追われることがあると考慮し、走りやすいようハイパーストレッチタイプなるチノパンを選んだ。履物《はきもの》が依然として革製のサンダルなのが奇妙と言えば奇妙かもしれぬが、そういう服装なのだと言い張れば言い張れぬこともない程度の奇妙さに落ち着いている。

※13　『サン・マルコ図書館所蔵写本「アリストテレス伝」』にあるエピソード。この伝記は、「新版アリストテレス全集」（岩波書店）の第一巻にある「アリストテレス諸伝」で読める。

店を出たところで、「代金はどうしたのだ」と尋ねたアリストテレス氏に吾輩と迷子君は「プレゼントです」と答える。迷子君との割り勘ではあるが、これでしばらくは爪に火を点《とも》すような耐乏生活になるであろう。まあこれも古代哲学者による貴重な愛の講義の受講料だと考えれば後悔はない。

「金銭であれば、比較的豊富にあるのだが。立派にギリシャで通用するものだ」

とアリストテレス氏は皮袋に入れた銀貨を見せる。

「残念ですけど、これは使えませんよ。歴史的には貴重な銀貨かもしれませんが」

「なるほど。だから給仕係の賃金労働者どもは受け取って奇妙な顔をしておったのか。銀には変わりがないからよいかとも思ったが」

その後、アリストテレス氏は吾輩と迷子君の顔を少し見てから、再び口を開いた。

「君たちには非常に親切にしてもらった。礼を言う。しかし、今日はここで別れるとしよう。くだらぬ輩《やから》からの追跡に君たちを巻き込むのは本意ではない」

「そうですか。もっと何かできればいいのですが」

吾輩が言うと、アリストテレス氏は首を振る。

「私は誇り高きギリシャ人だ。自分に降りかかった火の粉ぐらいは自分で払える。それよりナツメよ、迷子よ。われわれの探究はまだ途中であった。人間の幸福とはなにかについて話をしたかったが、いつまた会えるかもわからないであろう。ただ私がこの国の書物で知ったところによれば、私の愛や幸福についての議論は『ニコマコス倫理学』という書物にまとめられているそうだ。それを読み、自分たちで考えてみてくれたまえ」

吾輩と迷子君は「分かりました」とうなずく。アリストテレス氏は、

「君たちに会って、私の女に関する説がいささか変わるかもしれない。まだ結論を出すには観察が不足しているが。いずれにせよ、また会おう」

と言って、路地を大通りとは反対側に通じる暗い方に走り出した。吾輩と迷子君はその姿を見えなくなるまで見送った。

古代ギリシャ最高の知性にして「万学の祖」

次の日、昼過ぎに吾輩は授業の合間に大学の図書館に向かった。吾輩は西洋哲学関連の一角に向かうと、書架からアリストテレスについての本をいくつか抜き出して着席し、机上に積み重ねた本に上から順に目を通した。

それらの本の語るところによれば、アリストテレスは「プラトンと並ぶ古代ギリシャ最高の知性」なのだそうだ。その哲学は、論理学、生物学、心理学、形而上学《けいじじょう》などあらゆる学問の先駆をなす壮大なもので、そのため彼は〝**万学の祖**〟とも呼ばれるそうである。

彼がギリシャのスタゲイラという土地に生まれたのは、紀元前三八四年、あるいは五年。

ギリシャ北方マケドニアの国王のお付きの医師の息子なのだそうだ。十七歳でギリシャの中心地アテナイに遊学し、プラトンの主宰する哲学学校アカデメイアに入学。その勤勉さから〝本読む人〟、優秀さから〝学園の知性〟とあだ名されたという。

この学校で彼は教授として講義を持つまでとなるが、プラトンの死後にアテナイを去り、いくつかの国を遍歴する。この時期マケドニアでのちに覇王として地中海から中央アジアまでを統一する英雄アレクサンドロスの家庭教師をしたという。

その後アテナイに戻ると彼は、大王となったアレクサンドロスの後ろ盾をもとに、図書館や博物館まで整備されたリュケイオンという哲学学校を創設したという。この時彼は五十歳。それから十年ほど研究活動に没頭するが、アレクサンドロスが死没するとアテナイで反マケドニア運動が勃興《ぼっこう》し、アレクサンドロス大王と懇意だったアリストテレスは無実の罪で訴えられることになったという。アテナイを逃れたアリストテレスは滞在先のエウボイア島のカルキスなる場所で胃病により死んだ。このとき六十二歳だったらしい。

彼の生涯については、分からないことも多いようだ。なぜプラトンの死後アテナイを去り遍歴しなければならなかったのか、アレクサンドロスにいったい何を教えたのか、死にざまについて自殺とする説もあるらしい。

彼の作品は『アリストテレス全集』という形でリュケイオン最後の校長であるアンドロニコスによりまとめられたと言われ、その全集をのちの中世の学者たちはラテン語で〝コルプス・アリストテリクム〟つまり〝アリストテレスの体〟と呼んだという。

吾輩は昨日そのような歴史的偉人に対面していたのであろうか。そして、今も吾輩と迷子君のプレゼントしたワイシャツとチノパンでどこかを放浪しているのであろうか。

その時、吾輩の肩を叩く手があった。振り返ってみると、果たして東条氏であった。吾輩の心臓は馬鹿正直に緊張し、動悸《どうき》及び息切れの様相を呈してしまった。

「猫石さん、なに勉強してるの？」

「いや、これは、勉強というよりは趣味のようなもので」

「アリストテレスだね」

東条氏は積み上げられた本の一冊を手に取る。

「僕も哲学は興味あるんだよ。詳しくはないんだけどね」

「そうなんですか。私も最近興味が出てきたんです」

「アリストテレスには、『詩学』っていう芸術について論じた本があってさ。演奏のためになるかと思って読んだことあるよ。それで僕の音がよくなったかっていうと微妙だけど」

そう言うと東条氏は笑う。素敵である。ハンサムである。神々《こうごう》しい。吾輩が先日参加した合コンにも顔のつくりが整った男性はいた。ただ話す内容がいかんせん愚劣低俗であり、その分整った顔が逆に滑稽に見えたものである。その点、東条氏は違う。知性を感じさせるが退屈ではない。誠実だが野暮ではない。まさにすべてが中間でありすべてが丁度いい人柄でである。アリストテレス氏の言う善き人、徳ある者とはこのような人物を言うのであろうか。

「あの、演奏会行きます」

吾輩が思わず言うと東条氏は、

「ありがとう。猫石さんに聞いてもらえるなんて張り合いが出るよ」

と笑顔で答える。素敵である。素敵である。素敵である。やや放心気味の吾輩に向かって東条氏は、「じゃあ、また。勉強頑張って」と言って去っていった。

東条氏の吾輩に聞いてもらうと張り合いが出るという発言はいかなる意味であろうか。そこに若干の好意をかぎ取ってしまっては不遜であろうか。少なくとも嫌われてはいないのではないか。そう思うと吾輩は天にも昇らんとする心持ちになってしまった。


吾輩は大学での授業を終え家に帰ると、図書館で借り出してきた『ニコマコス倫理学』を読み始める。巷の哲学書に対する印象が凝縮されたかのように理屈っぽい文体であったが、実際に会ったアリストテレス氏を思い出すと不思議と親しみが湧いた。

『ニコマコス倫理学』は、人間の幸福とそのための生き方について説いた本である。アリストテレス氏は吾輩と迷子君に向かって幸福とは何たるかを語ろうとしていた。

この書を読むにアリストテレス氏の幸福観は、意外に単純な二つの事柄にまとめることができるのかもしれない。一つは、幸福とは人間の人生の究極の目的だということ。もう一つは、幸福とは徳をもって生きる人生そのものだということである。すなわち最大限思考を働かせ、ロゴスに従って生きる。そうした人生を味わうことそのものが幸福なのだ。

俗に幸福と同一視される金や名誉などは、所詮、そうした生き方を補助するものにすぎない。いくら金や名誉があっても、欲望や感情に支配されて生きている人間は獣に近く、その人生も地獄だというのがアリストテレス氏の結論なのである。

吾輩は本を置き、ちゃぶ台上に配置しておいたホットミルクをすすった。

「友愛」は幸福の条件

吾輩は授業を待つ合間にも講義室で『ニコマコス倫理学』を読んでいた。性格に関わる徳[※14]、思考に関わる徳[※15]が解説された箇所を読破し、目下はアリストテレス氏が我々に語った愛についての教説のある第八巻である。

※**14**　『ニコマコス倫理学』の第三巻と四巻では、勇気や節度、気前のよさ、度量の広さ、気高さ、温厚さ、正直さなどの性格に関わる徳が一つ一つ取り上げられて分析されている。

※**15**　『ニコマコス倫理学』の第六巻では、思考に関わる徳として、理論的学問に関わる「知性（ヌース）」、「知恵（ソピアー）」、「学的理解（エピステーメー）」、実践的学問に関わる「思慮（プロネーシス）」、制作的学問に関わる「技術（テクネー）」が分析される。

そこに書かれた思想を追うにつれ、なるほど、アリストテレス氏の語っていた愛とは、吾輩や迷子君が考えていた男女の恋愛における愛とはいささか意味合いを異にするものであるらしいと分かった。アリストテレス氏の考える愛とはすなわち、友人、親戚、夫婦、恋人といった関係性すべてに共通するような愛であり、**友愛**と呼ばれるものである。アリストテレス氏が吾輩と迷子君に語った「お互いの徳を愛し合うのが最高の愛の形」という結論は、恋人同士だけでなく、友人、親戚、夫婦といった関係性においても当てはまるものなのだ。また当時のギリシャにおいては、男女の関係と言えば夫婦であり、恋人とは同性同士の関係を指すものであったらしい。

アリストテレス氏は、友愛で結ばれた他人というものは人生の幸福に欠くことのできないものであると断言している。

その理由を吾輩なりにまとめれば、以下のようになろう。

幸福とは自らの徳をもった生き方を味わうことである。してみれば、一人で生きようが他人と生きようがどちらでもかまわないようなものであるが、さにあらず。

友愛によって結ばれた相手はもう一人の自分である。※16 徳のある者は徳のある者とともに暮らし、低劣な者は低劣な者と暮らす。ところで、物事というのは、傍《はた》から眺めたほうがよく見える。自分の人生もまたしかり。傍《かたわ》らから、ともに暮らす人の生き方を眺めることにより、自分の人生がどのようなものかがよりはっきりと感じられるのだ。ゆえに低劣な生き方をする者は、傍らにいる人の低劣さを通じて、自分の生き方の低劣さを痛感するであろう。

そして**徳ある生き方をする者は、ともに暮らす人の徳を見ることを通じて、自分自身のロゴスに従った生き方をよりはっきりと感じ幸福に包まれる**のだ。これが幸福な人生に伴侶が必要なゆえんである。幸福は「ともに生きること、すなわち言葉や思考を共有することのうちに実現されうる」※17。

講義室に入ってきた迷子君が吾輩の隣の席に座る。

「ああ、それ読んでるんだね。どう」

吾輩は本を閉じた。

「うん。あの人の言ってたみたいなことが書いてある」

「そうかあ。あの人ってアリストテレスだったよね」

迷子君が鞄《かばん》からテキストやノートなどを取り出す。

「アリストテレスだったんだよね。バカみたいだけど」

「今頃どこにいるのかな」

講義室に教授が入ってきて、教壇に持ってきた資料を置いた。

※16　「友愛で結ばれた相手はもう一人の自分」というアリストテレスの考え方については『ニコマコス倫理学』第九巻第四章に詳しい。

※17　以上の考察及び最後の言葉は『ニコマコス倫理学』第九巻第九章より。

吾輩は、『ニコマコス倫理学』を読了した。

それがよほど低俗愚劣なものでない限り、あらゆる書物には自分のための一節があるものだ。アリストテレス氏は友愛について〈「相互応酬的な好意」である〉、〈これに「気づかれている」という条件もつけ加えるべきかもしれない〉と言っている。[※18]この箇所こそ吾輩のための一節なのだ。

東条氏の演奏会の日は近い。勇気を出すべき時が近づくのを感じていた。アリストテレス氏の説く勇気は自らの属する都市国家のために死を恐れず戦う勇気であった[※19]が、吾輩の勇気は恋愛上の敗北を恐れない勇気である。

愛は一方的なものではない。愛し愛されなければ愛とは言えないのだとアリストテレス氏は言う。また、愛は気づかれなければ愛とは言えないのだともアリストテレス氏は言う。

吾輩は東条氏に愛していることを気づいてもらわなければならない。

吾輩の愛は、最上の愛、すなわち相手の善さゆえの愛であろうか。無論である。吾輩は東条氏の心の持つ徳を愛しているのである。では東条氏は吾輩を快楽や有用性のゆえではなく、徳のゆえに愛してくれるだろうか。これも無論である。徳ある者は徳を愛する者なのだ。仮に吾輩が東条氏に愛されないとすれば、吾輩に徳がなかったからにすぎない。

これを苦き良薬として、その後の人生を少しでも徳ある者として過ごすことができるよう研鑽《けんさん》して過ごせばいいのだ。こうした生き方こそが幸福なのだ。

　これがアリストテレス氏の哲学に触れての吾輩の結論である。

　東条氏の所属する管弦楽部の演奏会は、大学のホールで行われた。我が大学のホールは外部にも貸し出しが行われるほど、大規模かつ設備の充実したものである。

　吾輩は花屋で買った花束を手に迷子君と会場に入った。吾輩は演奏会のあと、東条氏のいる控室に向かい、吾輩の気持ちを打ち明け、東条氏の気持ちを尋ねるつもりである。

　まもなく幕が上がる。オーケストラの後方には東条氏の姿が見えることであろう。

※18　『ニコマコス倫理学』第八巻第二章より。
※19　アリストテレスの考える「勇気」については、『ニコマコス倫理学』第三巻第六章で。

超高速！

『ニコマコス倫理学』の内容とは？

『ニコマコス倫理学』は、人間がどのように生きるべきかを説いた著作。

1 人間は幸福に生きるべきである。
2 人間にとっての幸福は、完全な徳に従って生きることである。
3 人間はロゴス（理り）に従って生きなければならない。
4 思考と性格に徳があれば、ロゴスに従って生きることができる。
5 徳は徳のある行為の積み重ねで獲得される。
6 徳は不足でも過剰でもなく、「中間」（丁度よさ）である。
7 徳のある行為の三つの条件。A自分で行為の意味を分かっていること。Bその行為を自分で、その行為自体をしたくて選んでいること。Cゆるぎなく行っていること。
8 性格の徳には、「正義」、「勇気」、「節度」、「気前のよさ」、「度量の広さ」、「気高さ」、「温厚さ」、「正直さ」、「親切心」などがある。
9 中間的な徳のある行為は難しいが、せめて大きく外れないようにせよ。そのためには、流されやすい方向に注意し、快いものや快楽には最大の用心をせよ。
10 正義とは、「正しいこと」を行う徳。
11 正義の徳には、A大きな意味で言われる正義と、B小さな意味で言われる正義がある。
12 大きな意味での正義とは「法にかなったこと」をする徳で、すべての徳の根本にある。
13 小さな意味での正義とは「平等なこと」をする徳。
14 思考の徳には、真理を知るための「知性（ヌース）」、「知恵（ソピアー）」、「学的理解（エピステーメー）」、正しく行為するための「思慮（プロネーシス）」、正しく制作するための「技術（テクネー）」がある。
15 友愛は、人の生き方にとって最も必要不可欠なもの。
16 「愛されうるもの」にはA善いもの、B快いもの、C有用なもの、の三つがある。
17 本当の意味の友愛は、善き人々同士が善き人々である限りに結ぶ関係で、他の友愛はそれと似ているから、仮にそう呼ばれているにすぎない。
18 完全な幸福は、思索にふける「観想的活動」にある。だが完全なそれは神のみが可能。
19 日常の徳に基づいた生き方は、第二義的な幸福だが人間的な幸福だといえる。
20 以上の考察は、政治学につながる話である。

第二章

スピーチをうまくやりたい！

『弁論術』

説得は「ありそうなこと」を前提にする

「そのですね、いわゆる〝合コン〟というものではなく、あくまで若者との意見交換会でございまして……」

店の隅に設置されたテレビの中では政治家が報道陣に囲まれていた。

追及を受けているのは民民党《みんみんとう》のホープ・狩屋金太郎《かりやきんたろう》（四〇）。既婚者でありながら大学生と合コンをしたことが問題となっていた。彼が何か言葉を発するたびにカメラのフラッシュがパシャパシャと光っている。

「政治家ってのは、ロクなヤツがいませんねえ」

そんなことを言いながら、大将が焼き鳥を焼いている。

オレは銀保町《ぎんぼうちょう》にある不死鳥《ふしちょう》出版社という恐るべき名前の版元に勤める編集者だ。

今日は、仕事帰り、途中駅で下車して居酒屋「鯨飲《げいいん》　堀船《ほりふね》店」のカウンター席で一人酒を飲んでいる。

「いえ、ですから、あくまで意見交換会でありまして、妻もそのような認識でいるものと」

テレビでは、狩屋金太郎がまだ謝っている。

カウンターの向こう側で、見慣れない男がこちらに背を向けて皿を洗っている。

「大将、新しい店員さん入ったんだね」

オレが言うと、大将は焼きあがった焼き鳥を皿にのせてオレに差し出しながら、

「ああ、コイツですかい。コイツ、アリストテレスっていって今度新しく入ったんですよ」

と答えた。

ホワンと焼き鳥の甘辛い匂いが立ち上ってきた。

大将が話を続ける。

「いやね。コイツ、ギリシャから来たらしいんですがね。なんか、そこの商店街の通りをフラフラしてやがったもんですから、雇ったんでさ」

ここで、アリストテレスというらしい男が振り向いた。おお。確かに外国人。ひげ面《づら》だ。

「フラフラしていたから雇った、というのは前提と結論がつながっていない虚偽の推論である」

「またワケの分からねえことを言いやがって、皿洗ってろ！」

大将に一喝されるとアリストテレスは、

「ワケが分からないならば、ワケを理解するための探究がされなければならない」

と静かに言ってから、またむこうを向き、皿を洗いはじめた。

「しかし、大将。政治家の不倫ってのは時々問題になるけどさ。合コンってのは笑えるね」

オレが言うと大将は嘆かわしいといった調子で首を振った。

「あの言い訳もひどいもんでさ。何が〝意見交換会〟だってての」

「たしかに、あの対応は中傷への対応としては最悪であろう」

大将の傍《かたわ》らでアリストテレスが言う。

「おめえ、皿は洗ったのか！……洗えてるな、うん。口は減らねえが仕事は早えんだよな。じゃあ、こっちでお通し盛り付けろ」

「承知した」

アリストテレスは目の前で小皿にお通しの煮物や漬物を盛りつけはじめた。


しかし、このギリシャ人、アリストテレスっていうのか。昔の哲学者と同じ名前じゃないか。まあ、ケネディ大統領暗殺後にケネディのカミさんと再婚した「二十世紀最大の海運王」アリストテレス・オナシスなんてヤツもたしかいたし、ギリシャでは普通の名前なのかな。

アリストテレスに話しかけてみた。

「オレ、来島《くるしま》ノブって言います」

「私はアリストテレスだ」

「さっきの話ですけど、狩屋金太郎の対応は最悪ですか？」

この、流暢《りゅうちょう》ながら独特の日本語を話すギリシャ人が考えていることに興味が湧《わ》いたのだ。

「最悪である。〝合コンが実は意見交換会であった〟という前提から、〝私は悪くない〟などという結論を導いたところで聴衆が納得するわけがない」

「へえ」

「あの政治家の過ちは、『合コンが実は意見交換会であった』という前提となる話に、説得力がないことにある。他人を説得するには、相手にとって〝**ありそうなこと**〟だと思える考え方、あるいは結論を導く〝**しるし**〟だと思える具体的材料を使わなければならない[※1]」

「じゃあ、どうすればいいんですか、この場合」

「私ならば、まずは『そもそも合コンなどしていない』という〝事実かどうか〟の争点で争えるかを考えるであろう。これに聴衆が納得して、〝私は悪くない〟という結論を導く事実、つまり〝しるし〟だと認めてくれれば、それが最善である。

しかし、『合コンなどしていない』というのが、どんな材料を用意しても聴衆に〝しるし〟として認めてもらえないと予期されるならば、次に『合コンはしたが、あくまでプライベートの話であり、政治活動に害を与えるものではない』という考え方を〝ありそうなこと〟として持ち出して〝有害かどうか〟の争点で争う。

しかし、それもダメならば、今度は『政治活動に害はあるかもしれないが、甚大なものではない』という考え方で〝程度問題〟の争点に後退する。

※1　アリストテレスの弁論術では、「前提（根拠）→結論」で相手を説得する場合の「前提」には、1聞き手も認める見解である「ありそうなこと」、もしくは、2根拠となる具体的事実である「しるし（徴証）」を用意しなければならない、と考える（『弁論術』第一巻第二章）。

それも無理ならば、『政治活動に害はあるが、法律に違反したわけではない』という考え方で〝不正かどうか〟の争点まで下がって戦うであろう[※2]」

「すごいね。アリストテレスさんは、弁護士かなんかやってたの？」

「私は哲学者であり、その哲学の一環として弁論術を研究していたのだ。付け加えれば、他にも中傷の解消法としては、自分の不運を強調する方法、相手が同じことをしていればそれを持ち出す方法、同じことをして非難されていない人間がいれば、それを持ち出す方法などもまた考えられるであろう」

「なるほど」

「説話を引くこともこうした場面では有用であろう。[※3]たとえば、非常に滑稽《こっけい》な説話に次のようなものがある。ある日、ソクラテスがプラトンとともに歩いていた時に、道に腐りかけたオリーブの実が落ちていた。そこでプラトンが」

「おい！　くっちゃべってねえで、お通しは盛り付けたのか……？　盛り付けてあるな。うむ。じゃあ野菜切っておけ！」

大将がアリストテレスを怒鳴った。

「もう切り終えている」

オレが覗《のぞ》き込むと、アリストテレスの手元にはきれいに切られた白菜やニンジンがそれぞれのザルに分けられていた。

「ほんとだ。終わってやがる。おめえ、どっかの店で働いてたのか」

「対価を受け取るからには、それなりの働きで返しているのみである」

不思議な人間に出会ったもんだ。

このアリストテレスを名乗る外国人は、一体何者なんだろう。

オレは冷えた焼き鳥をかじりながら、そんなことを考えていた。

弁論術とは「説得方法を見つける技術」である

だいぶ冬が近づいてきた。文句なしに寒い。うー。寒い。

オレは、新宿のとある公園でベンチに座っていた。

ここで弁当を食うことにしたのだ。

今日は土曜日。どうでもいいけど。

朝から新宿都庁近くのビルで行われた、心霊学者・孔雀原《くじゃくばら》先生のインタビューに、担当編集者として同席した。これから何回かインタビューした内容を、担当のライターが一冊の本にまとめることになっている。

※2　中傷の解消法についての考察は『弁論術』第三巻十五章に。
※3　「説話」は、「例示」という説得方法の一種。詳しくは七十八、七十九ページで。

それにしても、〝死者蘇《よみがえ》りの新しい理論〟なんて話が、どれほど売れるんだろうか。

ある日、編集長に呼ばれて「孔雀原先生の新刊を出すことになった。担当はお前だ」と一方的に宣告され、今日にいたる。

社内では有名な話だが、ウチの社長は、その昔孔雀原先生に命を助けられたことがあり、それ以来頭が上がらないらしい。今までも、先生が「新しい本を出したい」と言えば、必ず社長命令で本を出してきた。

しかし、孔雀原先生の本は売れないのだ。同じスピリチュアル系でも、占いやら人生訓的なヤツに振ってくれれば、若い女性読者相手に売り方も考えられるんだが、先生の本はそういうのじゃない。

ひたすら学問的に心霊学の理論を追究したものばかりで、ハッキリ言って一般の読者には難しくてなにが書いてあるのかもよく分からない。

今回の本だって、孔雀原先生から送られてきた内容説明には、「心霊学的二元論を形相《けいそう》と質料から問い直す画期的試み」などと書いてあるが、これを読みたいという読者がどれだけいるというのか。

「はあ……」

オレは公園のベンチで弁当を食いながら、もう一ついやなことを思い出した。

何の因果か、業界では有名なスター編集者・星崎輝夫《ほしざきてるお》のパーティーで挨拶《あいさつ》をしなければいけないことになったのだ。

なんでも、星崎は今度、『世の中を編集する技術』とかいう本を、自分で立ち上げた出版社から出すらしいのだが、その出版記念パーティーの招待状が届き、なおかつ、挨拶まですることになってしまったのだ。

断ろうと考えたが、オレが招待されたことを知った会社は、社と星崎輝夫との関係を考え、オレに出席するよう厳命してきた。

オレは非常に憂鬱《ゆううつ》だった。

なぜなら、オレは訳あって星崎のことが大嫌いなのだ。向こうはオレのことを子分のように思っているらしいのだが。

思わずため息をつくと、何かが視界に入った。

遠くの芝生に全力疾走する人物。

ありゃ、昨日のアリストテレスじゃねえか。

慌てて目を凝らすと、アリストテレスは数人に追われている。それにしても、走るフォームがえらくきれいだ。

そのままアリストテレスは端にある茂みに飛び込み、それを追う人影も飛び込む。それきり見えなくなった。

何だったんだ。あっ。あいつ密入国者かなんかだったのか。いや、でも追ってたの、恰好《かっこう》からして警察官とかではなさそうだったな。私服警官か。いや、分からんな。分からん。関わりたくもない。

社長の知り合いの心霊学者の著書、嫌いなヤツのパーティーの挨拶ときて、この上、密入国者まで面倒見切れん。

オレは弁当箱の中の牛肉を玉ねぎと炒《いた》めたやつを口に運んだ。

「奇遇であるな。ノブよ」

振り向くと、そこにはアリストテレス。店では割烹着《かっぽうぎ》だったが、今は白のシャツと灰色のチノパンを穿《は》いている。背もたれをぴょんと飛び越えると、隣に座った。

「なにやら悩んでいる様子であるが、どうしたのだ」

「あなたは元気そうですね、あんなに走り回って。何から逃げてたんですか？」

「奴らが何者であるかを判断するには、まだ材料が不足している」

「そうですか。もう逃げなくていいんですか？」

「奴らは向こうの茂みの中で、ゆっくり寝ておるから大丈夫だ。それより、悩んでいるな」

「ずいぶん人の悩みに食いつきますね」

「人間は知ることを愛し、私もまた人間である以上、私も知ることを愛するのだ。これを**三段論法**と言うがな。※4 私はこの東方の野蛮国に住む人々がなにを憂鬱とするのか知りたい」

「あのね、この野蛮国に住むオレはですね、嫌いなヤツをパーティーの挨拶でほめたたえなくてはいけないから、悩んでいるんですよ」

オレは自然とぶちまけていた。誰かに聞いてもらいたかったのかもしれない。

「なるほど。嫌いな人物の称賛演説を任されたわけか」

「そう。たしかに称賛するための演説を任されたみたいなもんですね」

「ならば、憂鬱がることなどない。正しい技術があればそれで事足りる事態であろう」

「へえ、そういうもんですか？」

「私のいたギリシャでは、一人前の男子を自任するのであれば、自ら議会に参加して議論をし、法廷の場で告発や弁明を行い、大衆の前で演説をしなければならなかった」

「たしかに昔のギリシャってのはそうだったみたいですね」

「そのためにギリシャ人がこぞって学んだのが**弁論術**である。これを身につけていれば、嫌いな人物を称賛することなど訳もない。よければここで教授するが、どうであろうか。ノブよ。君のような教養のない者にあわせて、分かりやすく説くつもりであるが」

まっすぐな目で〝教養のない者〟呼ばわりされて、オレは逆に噴き出してしまった。

※**4**　（大前提）「すべてのAはBである」→（小前提）「すべてのBはCである」→（結論）「すべてのAはCである」というような推論。アリストテレスの考案したこうした論理学は形式論理学と言われ、修正されながらも現在まで受け継がれている。彼の論理学的著作である『カテゴリー論（範疇《はんちゅう》論）』、『命題論』、『分析論』、『トポス論（トピカ）』、『ソフィスト的論駁《ろんばく》について（詭弁《きべん》論駁論）』は、一括して「オルガノン（道具）」と呼ばれ、後世の哲学者の基礎教養とされた。

「ふふふっ！　じゃあ、お願いします」

「では、まず弁論術とはなんであるか？　それは**どんなテーマであろうと、それに即した説得方法を見つける技術**である。[※5] たとえば、人を称賛する場合なら、それを聞いた聴衆が『なるほど素晴らしい人物だ』と納得するような語り方を発見するのが弁論術の働きであろう」

「すみません。時間どのくらいかかります？」

オレはいきなり話の腰を折った。

「哲学的探究をするのに、まず時間が気になるとはにわかに信じがたいが答えよう。お前たちの言うところの単位で三十分程度であろう」

オレはスマホの時計を見た。まあ、そのぐらい帰社が遅れたところでどうってことはないだろう。

「なら大丈夫です」

説得のために必要な三つの要素

公園のベンチでアリストテレスは語る。オレは弁当箱を片付けながらそれを聞いていた。

「弁論には、三つの種類がある。すなわち、

1　議会での弁論（審議弁論）

2　法廷での告発や弁明の弁論（訴訟弁論）

3　聴衆の前での称賛や非難の演説（演示弁論）※6

「オレがパーティーでしなければいけないのは、三つ目にあたるってことですか」

「しかり。その通りである。そして、この三つの弁論はそれぞれ説くべき内容が違う。まず、法律や政策を審議する議会での弁論では、何が国家にとってよいことか、あるいは利益があることかが問われる。一方で、ある者を訴え、ある者を弁護する法廷での弁論では、正しい行いとはなにか、不正な行いとはなにかが問題とされるであろう」

　たしかに、現在の国会あるいは裁判所でも、突き詰めれば、同じことが話し合われていることになるな。

「それゆえ、議会で弁論をする者は、『国家や人間にとって善いもの、有益なものとは何か』を熟知していなければならないし、法廷で弁論をする者は、『正義とは何か』『不正とは何か』について熟知していなければならない」

「はあ」

※5　〈弁論術の仕事は「説得すること」ではなく、「個々の事例に関して、そこに存する説得的なものを見出すこと」であるに違いない〉（『弁論術』第一巻第一章）、〈弁論術とは、個々の事例に関して説得に資する限りのものを考察する能力である〉（『弁論術』第一巻第二章）

※6　弁論の三種類とその性格についての考察は『弁論術』第一巻第三章にある。

「では、称賛や非難の演説では何を語らなければならないのか。それは行為の美しさである。美しさについて深い洞察を備えることで、『したがって、彼の成し遂げたことは美しい』と結論できるような材料や語り方を発見する。これが称賛演説のための弁論術である」

おげーっ！　オレは星崎輝夫のイヤミったらしい顔を思い出して、思わずアリストテレスに食ってかかった。

「あんなヤツに『したがって、彼は美しい』なんて結論付けられる材料なんか、外見にも内面にもないですよ！　いいですか。アイツにはオレが今の会社に入る前、編集プロダクションにいた時、非常にイヤな思いをさせられましてね。編集プロダクションってのは出版社の下請けで編集をするんですよ、で、アイツの会社の下請けで、アイツと働いたことが何度もあったんですが、ハッキリ言って最悪の人間ですよ。仕事は遅いわ、責任感はないわ。自分のミスで著者の先生を激怒させれば、オレに責任を擦《なす》り付けて謝罪させるし、自分で進行を遅らせておいて、校了直前になって大量の作業を押し付けてくるし、あげくの果てに飲み会の席で酔った勢いなのか、オレの目の前で『編プロのヤツらなんてのは奴隷みてえなもんだからな、だはは』って言ったんですよ。それでいて、最近じゃ、大したヒット企画もねえくせに、素人《しろうと》相手に著者になるための出版セミナーなんか開いてカリスマ気取り。クズ中のクズとはヤツのこと。ヤツにふさわしいのは、美しさではなく醜《みにく》さという言葉ですよ」

これを聞いていたアリストテレスは、目を丸くして拍手を始めた。

「材料を列挙し、『したがって彼の行為はいずれも醜い』と結論付けた素晴らしい非難演説ではないか。思わず、こちらの感情も動かされる。その調子だ。その調子で逆にほめればいいのだ。無論、君が星崎輝夫を善い人物だと思っていないことは分かる。だが、それは弁論術という技術にとっては関係がないことなのだ。ほめなければいけないのであれば、ほめる材料や語り方を見つける。非難しなければいけないのであれば、その逆を見つける。それが弁論術の働きである」

なんかほめられた。そうか、オレの好き嫌いは弁論術では関係ないってことか。

「じゃあ、いくらオレがヤツのことが嫌いでも、ヤツの中に美しいと結論付けられる材料さえ発見できれば……」

「称賛することは可能なのである。しかし、その前に弁論術における説得の仕組みを見ておこう」

アリストテレスは続けた。

「弁論術では、人は三つの要素によって説得されると考える。すなわち、

1　論理的な証明、あるいは証明に見えるもの

2　語り手の人柄

3　聴衆の感情※7」

※7　説得の三要素についての考察は、『弁論術』第一巻第二章に。

「なんか、ビジネス書なんかによく書いてある話ですね」

「それは、おそらく私の説が元ネタである。話を戻そう。つまり、説得とは前提・材料を結論と論理的につなげて語っただけで成功するものではない。この三要素がそろった時に最も強い力が発揮されるのだ」

「なるほど。でも、とくに人柄には自信ないですねえ」

オレは思わず苦笑した。自慢ではないが、オレはお世辞にも人に好かれるタイプの人間ではない。どうも皮肉っぽい雰囲気があるらしく、いつかなど、インタビュー中、ただ話を聞いていただけなのに「馬鹿にしてるのか！」とキレられたことまであるのだ。

「たしかに、語り手が誰であるか、というのは時に決定的な要素である。ノブよ、君も優れたスポーツ選手や歴史上の英雄の言葉には、なんであれ重みを感じるであろう」

「たしかに。じゃあ、しがない平凡なサラリーマン編集者のオレじゃ絶望ですか？」

「そんなことはない。むしろ一つ目の要素である**論理的な証明こそが説得の本体**なのだ。※8
語り手の人柄や聴衆の感情への配慮は本来それに付随するものにすぎない。君の場合であれば、『したがって、星崎輝夫の成し遂げたことは美しい』という結論を導く論理がしっかりあることが、何よりも大切なのだ」

「なるほど。それは安心です」

行為の美しさとは何か？

「では、いよいよ〝美しさ〟とはなにか、について語ろう」

「お願いします」

「そもそも**美しさとは、その人物の持つ徳の証《あか》しとなる行為について感じるもの**だ、というのが私の説である」

「徳の証し……徳って何ですか？　心の立派さですか？」

「その通りである。仮に、弁論術に必要な分だけをかいつまんで言えば、人生の各場面において善をもたらす行動をとることができる能力ということになろう。※9 より具体的に言えば、勇気や正義感、節制や寛大さ、思慮などはすべて徳なのだ。そして、これらが表れたような行為を見て人は〝美しい〟と感じ、その人物を徳ある人物として称賛する。これが基本的な考え方である。もちろん、その場合の賛辞は〝美しい〟に限らず、〝立派だ〟〝素晴らしい〟など様々な言葉で語られるであろうが」

※8　『弁論術』という作品は、アリストテレス以前の弁論家が説得の本体である論理的説得（想到法）を軽視していることを嘆くところから始まる。

※9　〈一般の見解として、徳とは、諸々の善をもたらし保持する能力、ないしは多くのかつ大きな事象、おしなべてあらゆる事物を裨益《ひえき》する能力とされている〉（『弁論術』第一巻第九章）

「なるほど」

「では、どんな行為を人は美しいと感じるのか。私は周囲を観察し、人々が『これは美しい行為だ』と納得するパターンをすでにまとめ上げている。[※10] **現実の弁論とは、純粋なる論理性というよりは、テーマごとに存在するこうした〝納得のパターン〟に従って行われるべきもの**なのだ[※11]」

「納得のパターンですか」

「その前に訊《き》くが、君は星崎輝夫のなにを称賛しなければならないのだ？」

「そうですね。出版記念パーティーなので、普通に考えれば著書を出版したことですかねえ」

「であれば、これから私がパターンの一部を列挙するから、どれが星崎輝夫の著書出版において〝ありそうなこと〟に聞こえるか考えてみればよい。それが称賛演説の指針となるであろう」

「了解です」

「まず、〝勇気による成果、ないしは勇気の証し、あるいは果敢に為《な》された事績〟となる行為を人は美しいと感じ称賛する。星崎輝夫の出版は、勇気の証しとなるものであるか？」

「うーん。編集者が本を出すってのは、最近珍しいことでもないですし、何か勇気がいるような話でもない気が」

「では、次である。〝正義に適《かな》うことおよび正当に為された事柄〟。これには当てはまるか？」

「どうだろう。正義感に駆られて出版したとか、正当な目的があって出版したとか、言い張れないこともないとは思いますが」

「〝それへの対価が金銭より以上に名誉にあるもの〟、これはどうであるか？」

「いやあ、ギリシャと違って日本では『名誉を求める』っていうのもいいイメージがないんですよ」

「そうか。変わった国であるな。では〝望ましい事柄のうち、自身のためではなく為されるもの〟。これはどうであるか？」

「うん。いいですね。自分の商売のためではない、というのはいくらでも言えそうです」

「うむ。では、〝他界しても付随するもの〟。死んでなお残る業績であるか？」

「オレはそう思いませんが、そう言い張るのは可能です。ただ、まだ死にそうな年齢でもないのがネックですね」

「では、〝並外れたもの〟、〝ただ一人に帰属するもの〟。これは？」

「星崎輝夫にしか書けない本だってのは、これも言えそうですね」

※**10**　以下に列挙される「世の中で何が美しい行為とされるか」についての「納得のパターン」は『弁論術』第一巻第九章にまとめられている。
※**11**　〈想到法は、これら部分的にして固有の「種別的な論拠」を前提として語られる場合がほとんどであり、「汎用の論法」に依拠するものはわずかである〉（『弁論術』第一巻第三章）。ちなみにここに出てくる「想到法」という言葉については、七十八、七十九ページで。

「では、これくらいで十分であろう。どうであろうか、称賛の道筋が見えたのではあるまいか?」

「たしかに」

「では、次に……」

「はい」

「む、いや三十分ほどは経《た》ったようだ。ノブよ、今日はここまでとするか」

「いや、別に時間なら」


話すなら最後まで話していけよ、と思いながら、アリストテレスを見るとその視線はオレの背後を見ている。振り返ると、何者かが走ってきているのが見えた。

「やはり時間である。再び私に会い、弁論術について語り合いたいのであれば、『鯨飲』かホリフネ会館三階にいるであろう。さらばだ」


アリストテレスは立ち上がると、正面の芝生に向かって走り始めた。シンプルに足が速い。あっという間にその背中が見えなくなってしまった。

するうち、やっと男たちがオレの座るベンチにたどり着いた。みな黒いスーツ姿だ。若い奴が二人、オッサンが一人。

全員が鼻血を出している。さっき茂みの中でアリストテレスにやられたのだろう。

その中のオッサンが息を切らせながら、オレに尋《たず》ねた。

「さっきまでここで話していた男はどこに行った」

「どっか走って行っちゃいましたよ」

「お前はアリストテレスとどういう関係なんだ」

こりゃ、ありのままを話しても面倒そうだ。どうも雰囲気的に警察とかでもなさそうだし。

「アリストテレスってさっきの人ですか。急に話しかけてきて、こっちも困ってたら、またどっか行っちゃったんですよ」

「そうか。ヤツはまた接触してくるかもしれない」

オッサンは名刺を差し出してきた。「株式会社　全国創業経営センター　特命係　鯉川志《こいかわし》津男《づお》」とあり、住所と電話番号、メールアドレスが添えられている。

「もしヤツにもう一度会ったら、ここに連絡をしてくれ」

「分かりました」

「あとな。われわれがヤツを追っていることは他言無用。誰にも言わないでくれ」

「はあ」

その後、男たちはごにょごにょと何事かを話し合った後、去っていった。

オレはあっけにとられていた。今の男たちの間抜けさにだ。

なぜあいつらは秘密の追跡をしていながら、オレのような男に住所まで書いた名刺を渡してしまうのか。

超絶バカ野郎である。

後でこの会社についてネットかなんかで調べてみよう。面白いかもしれない。

月曜日、オレは出社した。月曜日だし当たり前か。

いろいろ調べてみたが、「株式会社　全国創業経営センター」というのは、どうも学校経営の分野を得意とするコンサルティング会社らしい。

しかし、なぜ、そんなコンサルティング会社が「メン・イン・ブラック」のような恰好で、アリストテレスを追っているのか。さっぱり分からん。

いや、分からないと言えば、そもそもあのアリストテレスってヤツは、誰なんだ。まさかあの哲学者のアリストテレスが蘇ったとでもいうのか。

うん、バカらしい話だ。心霊学者の死者蘇り本を作っている最中の編集者が、そう考えちゃいかんのかもしれないが。

しかし、いずれにせよ何かが起きている気はする。その何かはまったく見当がつかないが。

一方で、同じようにまったく見当がつかなかった星崎輝夫をほめる挨拶については、あのアリストテレスのおかげで光明が見えてきた。

オレの星崎輝夫称賛演説は、次の二つのパターンに従って行えばいいことが分かった。すなわち、

「望ましい事柄のうち、自身のためではなく為されるもの」

「ただ一人に帰属するもの」

だとすれば、星崎輝夫の著書が、
いかに自分のためではなく出版されたものか、
いかに星崎にしか書けない本なのか、
その材料を探して語り、「したがって、星崎輝夫の著書出版は美しい」と結論付ければいいということだろう。

『世の中を編集する技術』は読んでいないが、大手ネット書店「グリーン・インフェルノ」の内容紹介によれば、

——カリスマ編集者として有名な著者がついに明かす人生の絶対ルール。編集は紙の上で行うものじゃない、社会に対して行うものだ！——

だそうだ。念のため近所の本屋で買って読んでおこう。ヤツの懐《ふところ》を結果的に暖めることになるのは悔しいが、これも材料集めのためだ。

オレがそんなことを自分の席で考えていると、

「おい。来島！　なにボーッとしてるんだ！」

振り返ると、ショートカットの小柄な女子がびしっとこちらを指さしている。

っていうか、青井《あおい》ブルータス三世だ。

「なんだ。青井ブルータス三世か」

「その名前で呼ぶのはやめろ」

彼女はオレの同僚編集者で、本名を青井レイナというが、この会社に入る前、編集プロダクションにライターとして所属していた時期があり、青井ブルータス三世という名前はその時代のペンネームだ。

青井は指をさしたまま、オレに説教を始めた。

「お前、もしかして『美味《おい》しんぼ』の山岡《やまおか》みたいに、仕事をさぼり放題でもポイントポイントで取り返せば、それで編集者としてやっていけると思ってるんじゃないだろうな。あれはマスコミが斜陽産業じゃなかった頃の景気のいい会社の編集者像だぞ！　目を覚ませ！」

「『美味しんぼ』、よく知らねえよ。っていうか、オレは星崎のパーティーでの挨拶を考えてるんだよ。オレらは会社を代表していくんだぜ。これも仕事だろうよ」

実は星崎のパーティーに参加する人間は、もう一人いる。それがこの青井だ。青井もまた編プロ時代に星崎と付き合いがあり、まあそれなりの美人であるせいか、結構かわいがられていた、というかちょっかいを出されていたらしい。

「あれな。あんなクズのパーティーに呼ばれるなんて、貧乏くじ引いたな、われわれも」

「お前は挨拶がない分だけ、いいだろ」

「挨拶、ざまあ」

「それより、お前はいま何担当してるんだよ」

「森典英《もりのりえい》の小説」

「え？　ウチで小説なんて珍しいな」

「なんかだんだん書かせてもらえるところがなくなってきて、ウチに来たらしいよ」

「へえ」

「でも、なんかヘンな人でさあ。話しててイライラすんだよね」

なんて会話も終わり、青井が去ったあとオレは再び挨拶について考え始めた。

いずれにせよ、もう一度アリストテレスには会う必要がある。

まだ弁論術についての話も途中だったし、なによりあの人物の周辺にいれば、なにか面白いことに巻き込まれそうな予感がする。

オレは面白いことに目がない。

そういうのが目当てで編集者をやっているところもあるのだ。

弁論の二大テクニック――「想到法」と「例示」

仕事を終えると、堀船に向かった。

無論、アリストテレスに会うためである。

早速、『鯨飲』を覗いてみたが、アリストテレスは見当たらない。

「大将、アリストテレスは？」

「アイツは、今日休みでさ」

オレは、店を出るとスマホで早速アリストテレスが言っていた「ホリフネ会館」なる建物を調べた。近所だな。

スマホの指示通りしばらく歩くと、ホリフネ会館が見えてきた。

コンクリートの所々にひび割れが見られ、〝耐震〟の二文字から鑑《かんが》みればかなり心もとない雑居ビル。

ボロッボロだ。

入口にある案内板を見ると七階建てのようで、各階に会社や事務所の名前があったが、アリストテレスの言った三階だけ空欄になっている。

妙な音と振動のするいかにも古いエレベーターに乗って、三階に上がると、正面にすりガラスのはめ込まれたドアがあった。ここがアリストテレスの指定した場所なのだろうか？

ドアを叩《たた》いて待った。

ゆっくりとドアが開く。

「ノブよ。やはり来たか」

アリストテレスが出てきた。

「弁論術は、どこにおいても人の心をとらえるものなのだろう。私が書店なる施設で観察したところ、この国においても話し方、説得の技法などの弁論術書は人気であるらしいな」

アリストテレスは正面のソファーにこちら向きに寝転がり、肘《ひじ》置きに沿って上半身を起こして話をしている。

オレはパイプ椅子に座らされた。二人の間には低いテーブルがあり、その上にある木のボウルにはドライフルーツが盛られている。

周りを見渡すが、家具は他に数冊の本が置かれた本棚のみ。

部屋自体、住居というよりは事務所のつくりであり、古いタイル張りの床に、なんの愛想もないアルミサッシの窓がところどころにある灰色の壁。物がない分、かなり広く感じる。奥にはもう一部屋あるようだ。

「ここ、借りてるんですか」

「大将に、精神と身体の緊張を解く場所がないものか相談したところ、彼の友人であるこのビルの持ち主が、借り手のつかないこの部屋を、金銭的対価なく貸してくれることになったのだ」

「へえ。ついてますね」

「たしかに、幸運である」

「で、話の続きを聞きに来たんですが」

「うむ」

アリストテレスは起き上がって、ソファーに座りなおした。

「星崎輝夫の著書出版をどのように称賛するか、その材料は決まったのか？」

「だいたい。まずは〝望ましい事柄のうち、自身のためではなく為されるもの〟というパターンに当てはめて、『星崎輝夫が本を書くのは、自分のためではなく出版や編集という仕事を広く世に知ってもらうためだ』と言おうと思います」

「それはよいな」

「もう一つ、〝ただ一人に帰属するもの〟というパターンに則《のっと》って、『実業家であると同時にスター編集者でもある星崎輝夫にしか書けない本だ』という風に言おうと思います」

「それもよい。そして、その二つを前提に『したがって、星崎輝夫の著書出版は美しい』と結論付けるわけだな」

「はい。まあ『美しい』じゃ気色悪いんで、『立派な仕事だ』みたいな言い方にすると思いますが」

「そこで提案だが、さらに**例示**を組み合わせてみるのはどうであろう」

「例示。例示って何ですか？」

「まず、いままでわれわれが語り合ってきた、聴衆に〝ありそう〟に聞こえる材料をもとにして『したがって、何々である』などと結論する形の弁論を**想到法**[※12]という。これは弁論の基本となる技術である」

「なるほど」

「一方で弁論にはもう一つの方法がある。それが例示である。例示とは、似た例をもとに説得することだ。[※13] 今回の例で言えば、星崎輝夫と同じように著書を出版した人物で高い評価を得ている例を引き合いに出して、『したがって、同様に星崎輝夫の出版は立派だ』と称賛するのだ」

「なるほど。編集者で会社経営している人間の著書出版というのは限られてるから、なんか適当な実業家の著書でも引き合いに出して、『それに匹敵する！』とか言えばいいのかな」

「うむ、しかり。それで十分であろう」

※12　聞き手に対して、前提と結論をむすびつけてみせる「弁論術的な推論」。「説得推論」とも訳される。哲学的で厳密な問答で行われる推論よりも、前提（根拠）を省略した簡潔な形で行われる。その理由は、アリストテレスによれば、弁論というのは〈長大な議論を見通したり迂遠《うえん》な推論を辿《たど》ったりする能力を具《そな》えていない、そのような聴衆のもとでなされる〉から（『弁論術』第一巻第二章）。
※13　例示については『弁論術』第二巻第二十章。例示には、かつての似た事例（故事）を語る方法と、たとえ話や説話といった自分で創作した話を引き合いに出す方法があるとされる。

言葉選びは「明瞭さ」「ふさわしさ」「異質感」で！

「では、最後に、弁論における言葉の選び方で、押さえるべき三つの要点だけを述べて締めくくりとしたい」

「はい」

「すなわち、

1 明瞭さ

2 ふさわしさ

3 異質感※14

である」

「で、どういう意味です」

「明瞭さについては自明であろう。分かりやすさである。話していることの意味が伝わらなければ意味がないからな」

「そうですね」

「そして、ふさわしさとは弁論の場にふさわしい自然な言葉遣いで語ることである。弁論では、わざとらしい言い方やいかにも作りこんだような言い方は好まれないのだ。むしろ、さりげなく語っているような印象こそがふさわしい」

「たしかに原稿に目を落としっぱなしで、いかにも事前に用意したような挨拶や演説っていうのは、あまり人の心を打ちませんね。政治家の答弁なんかでも思い当たることです」

「そして、最後が異質感である。異質感とは、簡単に言えば変わった言い回しをここぞというところに混ぜ込むことで、聴衆をひきつけることである。そのために最もふさわしい技術こそ**比喩**であろう[※15]」

「比喩って『彼の顔はナスのようだ』みたいなヤツですか」

「しかり。こうした言い回しは、使いすぎれば詩になるが、弁論にふさわしい形で用いれば、聴衆をひきつけるのに非常に有効である。星崎輝夫称賛演説においても、使用に値するのではないか？」

「うーん。難しいけど考えてみます」

「私から伝えたいのは以上である。無論、私は他にも、感情のあおり方、適切な語り方、弁論の構成、その他において詳細な理論を完成させているが、それらをすべて語っていては、季節が一つ巡ってしまう」

「そうですか」

※14　この三つの語り方の美質については『弁論術』第三巻第二章で考察されている。

※15　〈明瞭さと心地よさと異質感、これらをとくに兼ね備えるのが比喩なのであり、しかもその骨法は、他人から教わるわけにはいかないものである〉（『弁論術』第三巻第二章）

「どうせ洗練されず、耳も肥《こ》えていない聴衆を相手に挨拶をするのであろう。このぐらいで十分である」

オレは思わず噴き出した。

「たしかに洗練されず、耳も肥えていない聴衆ですよ」


パーティー当日。

会場は新宿DCビル四十階。

ココはなぜか出版関係のパーティーがよく開かれる会場で、決まって立食だ。

オレが青井とともに会場に入ると、百人以上の人がすでにいた。

星崎は人に囲まれていたが、そこを離れて近寄ってきた。

「いやあ、来島君、お久しぶり」

星崎は短髪の頭の下にニヤケた顔面を配置し、ブルーのスーツに、なんかいろんな色の入ったネクタイを締めている。だせえ。

「お久しぶりです」

「お、ブルータス三世ちゃん。お久しぶり、今日の服、似合ってるよ」

「チッ！！！！！！！！！！　ありがとうございます～♡」

やめろ、青井。感謝の言葉にそんな爆音の舌打ちを添えるな。

「いやあ。さっき僕の周りにいたの、ウチの会社でやってる出版セミナーの生徒なんだよ。大変だよ、なつかれちゃって」

「そうですか。相変わらず人に好かれてますねえ」

　オレが言うと、星崎は、

「そんなことないよ～」

　と謙遜したが、謙遜になってない。本当にそんなことないからだ。

「で、なにやってるの、今？」

　コイツが人の近況を訊く時は、自分が何をしているか話したい時だ。

「今ですねえ。ちょっと心霊関係の本作ってるんですよ」

「そうなの。いやあ、最近忙しくて大変だよ。セミナー、講演とか、できるだけ断ってるんだけどさあ。で、今度これだろ。本まで出すことになっちゃって、これも断ってたんだけど、押し切られちゃって」

　押し切られちゃってって、自分の会社から出すくせに何に押し切られたんだよ。自分で自分に押し切られたのか。

「じゃあ、楽しんで。あ、そうだ、挨拶頼むよ、期待してるから」

　星崎がいなくなって、隣をみるといつの間にか青井もいなくなっていた。ビュッフェコーナーで料理をとっている。

パーティーが始まると、早速順番に挨拶がはじまった。

そういえば、オレは何番目なんだ。知らされてない。

むやみに緊張ばかりが高まってくる。

挨拶の顔ぶれを見ると、星崎輝夫、さすがに顔が広い。外面《そとづら》の良さが功を奏している。社長、政治家、政治家の秘書、スポーツ選手、タレント、作家dなど、「多士済々《たしせいせい》」という言葉はこういうのを言うのだろう。こういうところは見習わなければいけないのかもしれない。シャクだが。

「続きまして、不死鳥出版社、来島ノブさま」

呼ばれた。

「呼ばれたよ」

隣にいた青井がオレの背中を叩いた。

「わかってるよ」

「ご紹介いただきました、不死鳥出版社の来島ノブでございます。

星崎さん、いや星崎先生といったほうがいいでしょうか。先生とは、わたくしが前職として編集プロダクションに勤めていた時から、お付き合いさせていただいております。思えば、先生は、当時から非常に優秀な編集者で、その仕事ぶりも間近で勉強させていただきました。

そんな先生が、この度『世の中を編集する技術』という著書をお出しになることになり、早速拝読いたしましたが、非常に感動いたしました。

この本は、昨今の出版不況のなか、編集、ひいては出版という仕事の持つ可能性を世に問う意欲作であります。とくに作中繰り返される〝編集は紙の上だけではない。世の中を編集せよ〟という言葉は、われわれ出版人の心を奮い立たせずにはおかないでしょう。

この素晴らしい著作は、星崎先生が優秀な編集者でありながら、実業家として出版社の社長でもあるというその思考の振り幅があってこそのものと思われます。その意味でも、星崎先生だからこそ書くことができたものだと申せましょう。

みなさんご存知の不朽の名著に松木《まつき》自動車、松木大三郎《だいざぶろう》社長の『不屈のモノづくり』があります。これはモノづくりの可能性を世に問うた本でありますが、この度の星崎先生の『世の中の編集する技術』、これはその出版業版として、必読の名著として語り継がれていくものと確信しております。

星崎先生は、虎であります。

昨今の出版業界の不幸な状況を一見抗《あらが》いがたい龍に譬《たと》えるとするならば、それに立ち向かう一頭の虎であります。わたくしもまた、そんな虎の切り開く道を必死についていき、この業界を盛り上げられるように微力ながら努力したいと思います。

この度は星崎先生、ご出版おめでとうございました」

超高速！

『弁論術』の内容とは？

『弁論術』は、古代ギリシャの必須教養であった弁論術を解説した著作。

1 弁論術は、説得する技術ではなく、個々の事例に関する説得的なものを見出す技術。

2 弁論術の説得法（証し立て）には、A論理的な証明、B語り手の人柄、C聴衆の感情という三つの要素がある。

3 弁論術の説得には、A想到法とB例示がある。

4 想到法は前提（根拠）を結論とつなげてみせることで説得する方法。

5 例示は、似た事例を語ることで説得する方法。

6 想到法には、A相手も認める見解（「ありそうなこと」）を前提にする方法と、B根拠となる事実（「しるし」）を前提にする方法がある。

7 例示には、Aかつての似たケース（故事）を語って結論を導く方法と、B自分で創作した話を引き合いに出して結論を導く方法がある。

8 想到法には、Aテーマ固有の説得パターン（種別的な論拠）に基づくものと、B普遍的な論理に基づくものがある。ほとんどの弁論では前者が用いられる。

9 弁論術の種類には、A議会での審議弁論、B裁判での訴訟弁論、C大衆の前での演示弁論の三つがある。

10 弁論のテーマに固有の説得パターン（種別的な論拠）を知らなければならない（第一巻第三章から第二巻第十九章までその考察が載せられている）。

11 A審議弁論では益と害、B訴訟弁論では正と不正、C演示弁論では美と醜が問題となる。

12 第二巻第一章から第十七章まででは、聞き手の感情をあおるための各感情と性格の研究が行われる。

13 第二巻第二十三章では、あらゆるテーマに共通する普遍的論理のパターンが列挙される。

14 想到法では厳密さよりも、端的な分かりやすさが大事。

15 語り方の美質は、A明瞭さ、Bふさわしさ、C異質感。

16 弁論において使うべき言葉は、A人々が普段使う常用語、B言葉を本来の意味で使う本義語、C比喩。

17 語り方が「ふさわしさ」を得るのは、ふさわしい感情をもって、語る人の人柄を表し、語るべき事柄と類比を保つ語り口になっている場合。

18 弁論の語り口にはふさわしいリズムがなければならない。

19 語り方で気を付けるべきは、A比喩、B二つのものを対置的に語ること、C視覚に訴えるような語り方をすること。

20 弁論は1緒言、2主題提示、3証し立て、4結語の四つの部分からなる。

第三章

政治がうまくいかない！

『政治学』

政治とは幸福を作り出す技術

坂上雲助《さかがみくもすけ》は感心していた。

さる出版記念パーティーでのことである。司会者に「不死鳥《ふしちょう》出版社、来島《くるしま》ノブ」と呼ばれたその人物は、流麗荘重な挨拶《あいさつ》を披露していた。

（若いのにたいしたもんだ。挨拶慣れというのは、政治家だけの特技ではないらしい）

雲助は、民民党代議士・狩屋金太郎《かりやきんたろう》の公設第二秘書であり、その狩屋の代理としてこのパーティーに出席していた。狩屋はパーティーの主催者である星崎《ほしざき》とは友人同士であったが、自身が出席しては自然マスコミが押し掛けることになり迷惑がかかる。

狩屋は目下、騒動の渦中にいた。既婚者でありながら、女子大生と合コンをしたことがマスコミの知るところとなったのである。マスコミやネットには嵐のごとくに非難が渦巻き、狩屋事務所としては、その嵐をいかにしてやり過ごすか、知恵を絞っている最中であった。

雲助は、会場を出ると自宅に帰るため電車に乗った。

（それにしても）

と暗くなった車窓を見ながら、雲助は思った。

（政治とはいったいなんなのだろう。合コンの言い訳を考えたり、よく知りもしない人物のパーティーにまめに出席しておくことは、果たして政治なのだろうか。——次の選挙で当選しなければどうにもならない。よく言われることだが、これは本当なのだろうか。仮に民衆に必要とされていないとすれば、そんな人物が謀略の限りを尽くして当選するというのは、むしろ政治への冒瀆《ぼうとく》ではないか）

ここまで考えて、雲助は小さく苦笑した。狩屋事務所はそれどころではないのである。

（これも、あのアリストテレスの影響か）

雲助は自分の脳裏に浮かんだ青臭い考えを、最近出会った妙な人物のせいだと決めつけた。

数日前、雲助が出先から勤務先である東京の東の地元事務所に戻ると、アリストテレスを名乗る人物が茶を出されていた。白いシャツに灰色のチノパンを穿《は》いたひげ面《づら》の外国人風の男で、どうも狩屋に会いに来たらしい。狩屋は永田町の議員会館におり、例の騒動について、党との調整やマスコミ対応に追われている真っ最中である。

狩屋の不在を伝えると、アリストテレスは、かまわず雲助に向かって「弁明の仕方が稚拙《ちせつ》である」とまくしたてた。狩屋が合コンを〝意見交換会〟と言い張った、あの会見について言っているのである。

政治家の事務所には、おかしな人間が結構来る。雲助にとって、この手の人間への対応も手慣れたものだった。

雲助は笑顔を絶やさず、アリストテレスの話すことに耳を傾けるふりをした。

そう、あくまでふりであった。しかし、雲助は話を聞くうち、いつの間にか引き込まれていた。アリストテレスは、はじめのうちは中傷に対する弁明はどのようにすべきかを語り、その中で語られた〝腐ったオリーブの実〟のジョークが極めてつまらないものであったことをのぞけば、それはそれで見事な内容であった。しかし、雲助がより強くひきつけられたのは、続いて語られたアリストテレスの政治についての思想であった。

ここで、アリストテレスの語ったことは、おおよそこうである。

「**政治とは、人間にとっての善、つまり幸福を作り出す技術であり、だからこそ、あらゆる技術の中でも最も重要な技術**である[※1]」

「また**政治とは、正しさを作る技術**でもある。この場合の**正しさとは、人々の間の平等**である[※2]」

雲助にとって新鮮だったのは、そもそも政治家とは何のためにいるのか、政治とは何のためにあるのか、という本質的な話だったからだ。政治の現場で求められるのは、つねに目の前の事案への対処であり、そうした中このような本質論は〝ゴタク〟の一言で片付けられ、いつしか考えることもなくなってしまう。

雲助が熱心に聞き入っていると、最後にアリストテレスはこう付け加えたのであった。

「ところで、君は政治家のようだが、国家に属する人々の幸福を作り出せているか？　人々の間に平等を作ることを仕事としているか？」

雲助はしばらく何も答えることができなかった。自分は政治家ではなく秘書であると弁解しても意味はない。問題はそこではないのだ。

雲助はややあって必死に声を絞り出した。

「うちの先生は、国民の幸せを一番に考えて活動しています」

「そうか」

「そうです」

「いずれにせよ、ギリシャとこの国では**国制**[※3]を異にするようだが、なお私の考えてきたことの主要部分については正しさを持っているように思う。もし政治について私の講義を聞きたいのであれば、ホリフネ会館の三階にいる。いつでも訪ねてくればよいであろう」

そう言うと、アリストテレスは立ち上がり事務所を去っていった。

パーティーの翌日、昼過ぎのことである。

雲助は事務所でテレビを見ていた。狩屋も一緒に見ていた。狩屋も今日は永田町ではなく

※**1**　『ニコマコス倫理学』第一巻第二章に、アリストテレスの考える政治学の重要性が語られている。

※**2**　「正しさとは平等である」という考え方は『政治学』第三巻第十二章に。

※**3**　アリストテレスには、弟子たちとともにギリシャの各ポリスや異民族までの国制（政治体制）を記録したデータベース的著作があったが、現在では、その一部とされる『アテナイ人の国制』しか伝わっていない。

地元事務所に来ている。これから、一連の騒動について地元の後援者に説明をして回らなければならないからだ。

テレビには、合コンを主催した女子大生が当日の狩屋の様子を饒舌《じょうぜつ》に語っている様子が映し出された。その女子大生いわく、狩屋は参加者の中の一人の女子にしつこく言い寄り、その日二人はそのまま夜の街に消えていったのだそうだ。

（まさか、そんなことはあるまい）

と雲助は考えた。

雲助は、狩屋金太郎の人柄をよく知っている。狩屋は極めて実直な人物である。その人柄にひかれて仕えているのである。党から期待を受けた若手政治家にありがちな浮《うわ》ついたところもない。女好きでもない。傍《はた》から見ても自分の妻を愛していることがよく分かる。だからこそ、一般にも人気があり、よくテレビなどにも出演した。

それだけに、今回の件は巷《ちまた》でスキャンダルともなり、また、事務所スタッフ一同にとっては不可解でもあった。

狩屋は、たしかに当日「今夜は大学生たちの話を聞いてくるよ」と言って、秘書を連れずに事務所を出た。そして、翌日になると、スタッフにその時の様子を尋《たず》ねられても、何か言いにくそうに口を濁し、詳細を語ることを避けた。どこか落ち込んでいる様子でもあった。

これが雲助の知っているすべての事実である。

狩屋は、映し出される女子大生の姿やコメンテーターの視聴者受けだけを考えたようなコメントにも表情を変えなかった。

「先生、今日は何と言って説明するおつもりですか。あの日、何があったのか触れないわけにはいかないかと思われますが」

雲助はテレビの内容には触れずに訊《き》いた。

それを聞いて、狩屋は一つため息をつくと、自嘲《じちょう》気味に笑った。

「坂上。オレは間抜けだ。人間についてあまりに知らなすぎた」

そう狩屋は答えた。

「オレがあの夜会った若いヤツらは、星崎の紹介だったんだ」

星崎とは雲助がつい先日出席したパーティーの主催者星崎輝夫《てるお》である。

狩屋の語るところは、およそこうであった。ある日、狩屋のもとに星崎から連絡があった。政治関連の大学生の団体が狩屋に会いたがっているとのことであり、星崎からも「ぜひ一度会ってみてくれないか」と頼み込まれた。そこで、星崎から連絡のあった場所に行ってみると、始まったのは合コンだった。無論、狩屋は適当に会話をし、何事もなく折を見て帰ってきたが、なぜか合コンの模様がたちどころに報じられ、店に入るところの写真まで撮られていた。要は、星崎の罠《わな》だったのだ。

そして、狩屋にとってさらに不幸だったのが、星崎のことを〝政財界に顔の利く出版界のキーパーソン〟だとして狩屋に引き合わせたのが、民民党の重鎮、逆原止男《さかはらとめお》だったということだ。狩屋の政治家としてのキャリアは、逆原の秘書からスタートしており、以来、狩屋は逆原を父のように慕っている。

狩屋を陥れた星崎を紹介したのが、逆原だと知れれば、その事実が利用されて党内での逆原の立場が危うくなるかもしれない。そのため、狩屋は事実を公表できずあやふやな説明に終始していたのだ。

（狩屋らしい）

と雲助は思った。

後援者たちには、「とある人物」によって陥れられた旨を説明し、その説明も内密に願う、という落としどころで動くこととなった。

アリストテレスによる政治体制三分類

数日後、雲助は事務所ともほど近い、江戸川区堀船にあるホリフネ会館を訪ねた。急に「会ってみようか」と思いたったのだ。相変わらず弁明と対応と調整に明け暮れる中、たまには、政治の利害を離れた〝素人《しろうと》〟と話をしたくなったのかもしれない。

「ずいぶんと苦労しているようであるな」

急に訪ねてきた雲助をアリストテレスは当然のように迎えた。この男の話し方はつねに静かであるが、それが時に妙にとぼけた印象を与えることがある。

雲助はアリストテレスのそんな言葉に思わず笑い出し、そして言葉を続けた。

「苦労はしてますよ」

「どのような苦労があるのか」

「どのような苦労」

と言ったきり、雲助は少し考えた。

「そうですね。本来、政治とは関係のない苦労です」

「ほう」

「政治家は、少なくともこの国の政治家は、些細《ささい》なことで足を引っ張り合います。敵から引っ張られるのならまだいい。味方や恩人だと思っていた人間に平然と足を引っ張られるのが、この世界なんです」

雲助は分かっていた。

素直に考えれば、狩屋をハメたのは星崎を紹介した逆原なのだ。狩屋はそう考えないようにしているが、逆原が実はかつての秘書である狩屋をにがにがしく思っているという噂《うわさ》は、永田町ではよく聞く話だった。

「それに、ここだけの話、それを選ぶ国民だってほめられたもんじゃありませんよ。投票には行かず政策にも興味がないくせに、スキャンダルだけには食いつくんです」

それを聞いてアリストテレスは笑った。

「それは当然のことである。ギリシャから遠く離れた野蛮国の市民が、全員徳を持った善き人であるわけがない。よいか、雲助よ。ギリシャでさえ、そうだったのだ。政治をつかさどるものは低劣な市民を相手に語り、その者自身もまたしばしば低劣であったのだ」

雲助はアリストテレスの正論を黙って聞くほかなかった。

「無論、理想の国家の形というものはある。私も考えた。市民全員が徳を持ち、己のためにも国のためにも、徳に従って行動することを幸福とする。常に正義と節制の心を持ち、非常時には勇気と忍耐を持って戦い、平時には哲学を愛するそんな市民全員が、入れ替わりで順番にお互いを支配し、利益ではなく徳の実践を国家の目的とするような、そんな国だ[※4]」

「そんな国、あるわけないでしょう」

雲助はややつっかかるような口調になった。この男にしては珍しいことである。アリストテレスの語る国と、自分の置かれた現実とのギャップが心を逆《さか》なでしたのだ。

「無論である。こんな国はギリシャにもついぞ現れなかった。これはあくまで理想なのだ。しかし、どんな知識や技術も、まずは目指すべき最善の状態を知っておくべきであろう。それに私の観察したところ、この国の政治家も理想を語るのは好きではないか」

アリストテレスは再び笑って話を続けた。

「しかし、私は思うのだ。理想はあってよいし、それと比べて愚痴《ぐち》りたくなるのも、徳のある振る舞いとは言えないにせよ仕方あるまい。だが、政治をつかさどる者は、そこにとどまってはならない。目の前の現実を観察して受け入れ、いかにして不完全な市民を不完全な市民が治めるか、を考えなくてはならないのだ。[※5] だからこそ、私自身、**不完全な市民による不完全な国制**についても、よりよい維持の仕方を考え抜いたのだ」[※6]

「不完全な市民による不完全な国制ですか」

「私の考えでは、国制には原則的に三つの種類がある。

1　一人の君主が国を治める単独支配制

2　少数の選ばれたものだけで国を治める少数者による支配制

3　すべての市民が国を治める多数者による支配制

である」

雲助はアリストテレスの話に聞き覚えがあった。大学で習った、古代の哲学者による政治体制の分類。

※4　アリストテレスは『政治学』の第七巻で理想の国制について論じている。
※5　〈善き立法家と真の政治家は「絶対的に最善」の国制と同時に、「状況からみてできるかぎりの最善の」国制を念頭にいれておくべき〉（『政治学』第四巻第一章）
※6　アリストテレスは『政治学』第四巻第十一章などで、中間層の市民をカギとした現実的に最高の国制を考察している。

（考えたのはたしか、アリストテレスだったはずだ。目の前の人物と同名なのは偶然なのだろうか。それとも）

雲助は奇妙な考えにとらわれかけたが、なおもアリストテレスの話は続く。

「1の単独支配制の中でも、

1-A　徳に優越した一人が公共の利益のために政治を行う体制を〝王制〟

1-B　徳のない一人が自らの利益のために政治を行う体制を〝僭主《せんしゅ》制〟

2の少数者による支配制の中でも、

2-A　徳に優れた少数者が公共の利益のために政治を行う体制を〝貴族制〟

2-B　徳のない少数の富裕者が自らの利益のために政治を行う体制を〝寡頭《かとう》制〟

3の多数者による支配制の中でも、

3-A　多数者が公共の利益のために政治を行う体制を〝国制〟

3-B　多数者が自らの利益のためだけに政治を行う体制を〝民主制〟

と言う。※7各Aが徳に基づく理想の国制、各Bがそこから逸脱した国制である。そして、こうした逸脱した国制においても、それなりの治め方はある。それを治めるのが政治をつかさどる者の仕事なのだ」

「ちなみに、日本はどれに分類されるのでしょうか」

雲助としては当然の疑問である。

「私の観察したところによれば、選挙に金がかかるという点では実質として寡頭制的な部分があるにせよ、やはり民主制であろう。寡頭制論者は少数でも富める者が決定することを正しいとするが、民主制論者はたとえそれが貧しき者たちでも多数者の決定が正しいと考えるのが特徴である。この国の政治はあらゆる場面で多数決が行われるようであるから、まさに国制としては民主制なのであろう。そこに属する市民も公共の利益よりは自らの利益を求めるようであるしな」

「たしかに、この国で政治に公共の利益を求める人間などほとんどいません。まあ、政治から距離のあるうちは立派そうなことも言いますが、実際政治家と距離が近くなると急に自分の利益を求めはじめるものです。これは議員秘書をやっていれば、誰でも経験することですが」

「何度でも言おう。それでも政治をつかさどる者は目の前の国制を維持し、治めなければならない。人間は国家を離れては生きることができないからだ。**人間は自然によって国家的動物である。**[※8] 人間は国家とともに生きるからこそ人間なのだ」

――人間は自然によって国家的動物である。

これはアリストテレスのよく知られた名言の一つである。

※7　この国制の分類は『政治学』第三巻第七章に。
※8　〈人間は自然によって国家的（ポリス的）動物である〉（『政治学』第一巻第二章）

雲助はいつの間にか、目の前に古代のアリストテレスが座っている、そんな錯覚の中にいた。

「では、この国は、どのように治められるべきだと考えますか？」

政治は中間層に向けて行え！

その後、アリストテレスは、不完全な市民が不完全な市民を治めるような現実的な状況における政治術のコツを説きはじめた。そのおおよそは以下のとおりであった。

アリストテレスの考えでは、どんな国家にも三種類の人々が住んでいる、という。それが、

1　非常に裕福な人々
2　非常に貧しい人々
3　それらの中間にある人々

である。そして、体制の崩壊の多くは、非常に裕福な人々と非常に貧しい人々の戦いから生まれる、というのがアリストテレスの説であった。すなわち、その戦いで裕福な人々が勝利すれば、体制は貧乏人のことを一切考えない純粋な寡頭制に傾き、貧しい人々が勝利すれば、逆に金持ちから財産を取り上げてしまうような過激な民主制に傾く。

そこでカギになるのが、３の中間層の人々である。

政治の安定のためには中間層の人々によって、中間層の人々のために政治が行われること

が最善である。[※9] そうすることで、非常に裕福な人々のため、非常に貧乏な人々のため、というような極端な政治が避けられ、結果的に裕福な人々と貧乏な人々の戦いも起こりにくくなるからだ。

また、アリストテレスは、金持ちすぎたり貧乏すぎたりする人間は、性格がねじ曲がり、欲望にも弱くなるとも考えた。一方で、中間層の人々は、徳が宿りやすく、理性的な考え方、つまりロゴスに従いやすい。その点でも、中間層の人々は国を治めるのにも、治められるのにも望ましい市民であった。

アリストテレスは、中間層が多い政治体制はその分だけ安定すると言い、中間層が増えるような政治が望ましいと考えた。[※10]

「総じて、**個人の生き方と同様に政治においても極端は避ける**ということである。それが不完全な市民を治めていくうえで重要なことなのだ。裕福な者の味方をしすぎても、貧乏な者の味方をしすぎても政治は不安定化する。逆に言えば、不安定化を望む者は、市民を扇動《せんどう》することで、裕福な勢力と貧乏な勢力に国を二分させようとするだろう。気を付けなければならない」

そう最後にアリストテレスは付け加えた。

※9　〈立法家は、いつも中間の人々を国制に迎えいれる必要がある〉（『政治学』第四巻第十二章）
※10　〈中間層の増加は、不平等に負うところの国内分裂を解消させる〉（『政治学』第五巻第八章）

雲助は、かつて日本が〝一億総中流〟と呼ばれた時代があったことを思い出した。

（日本において〝中流〟を自覚する国民が最大化した時代。その〝中流〟に向けて政治が行われていた時代。あの頃の日本が素晴らしかったのかどうかは知らないが、政治に安定感と力があったことは確かだ。振り返って、〝貧富の格差〟が叫ばれる現代はどうなのだろう。少なくとも、アリストテレスから見れば国制の崩壊しかねない危険な状況に見えていることだろう）

雲助は、そんな考えを噛《か》みしめると頃合いを見て「今日はありがとうございました」と礼を言った。

アリストテレスは「またいつでも来るがよい」と応えた。

（今日も白シャツにチノパンだったな）

雲助はそんなことを思った。

政治とは「平等」を作る技術である

その後、狩屋の〝合コン〟スキャンダルは思わぬ形で立ち消えた。

とある市の新市庁舎建設計画における談合が表沙汰《ざた》になり、それを主導した逆原止男の逮捕も間近であることが報じられるなどメディアがそれ一色になったからだ。

逆原が狩屋を陥れようとした裏には、この一件が関係していることは明らかだった。

というのも、最近行われたこの市の市議会議員選挙において、この談合を追及していた無所属のA市議を支援したのが狩屋だったからだ。

狩屋は後援者の一人を通じて、市議選前、このA市議に「新市庁舎建設の落札に談合があったらしいが、これを追及したせいで選挙で苦戦が予想される」と相談され、すぐにA市議の支援を決断した。その時点では誰が談合を主導したのかは分かっていなかった。

これは別の公認候補を立てていた党の方針に逆らった行動であったが、狩屋の処分についてはあやふやのまま今に至っている。

雲助が振り返るに、あれはマスコミに知名度のある狩屋を処分することで、逆に地方都市の談合疑惑が話題になることを避けたのだろう。

逆原としては、自分の周囲を嗅《か》ぎまわるA市議を支援した狩屋が、恩知らずの裏切者のように映っていたに違いない。

一方で、狩屋は逆原が関わっているとは夢にも思っていなかったようだ。その証拠に、マスコミに公《おおやけ》になる前日――おそらく情報が漏れることをA市議が懸念して前日になったと思われるが――この調査結果をA市議から聞かされた狩屋は呆然《ぼうぜん》としていたらしい。

その日、雲助は狩屋と遅い夕食を共にすることになった。

店はチェーン店の居酒屋である。

その個室で雲助に狩屋はこう言った。

「オレが秘書をやっていた時には、間違ってもそんなことをする人間じゃなかった。あの人は、ことがここに至っても周りの人間に、地域のためにしたことだって言ってるらしい」

「そうですか」

「たしかにあの談合のおかげで地元の建設会社は潤《うるお》うだろう。地域のためにもなるだろうさ。坂上。オレはもう分からなくなったよ。オレのしたことは正しかったのか」

「談合は法律違反です」

「そうだ。だがあの件が表沙汰になったせいで、計画は白紙化される。下請けの建設会社の中にはつぶれるところも出るという話だ。おまけに逆原のクビまでとってしまったんだ」

狩屋は手にした酒を飲み干し、こう言った。

「オレは父親を殺したんだろうか」

雲助は何も答えることができなかった。


狩屋でさえ、政治家にとっての〝正しさ〟とは何なのかを摑《つか》み損ねて煩悶《はんもん》していた。

雲助もいずれは議員になりたいと考えている。

しかし、いざ自分が議員になった時に、そんな〝正しさ〟の分からない世界で何を指針にして活動すればいいのか。よく政治家は〝ブレない信念〟などと言いたがる。しかし、普通に考えれば、その信念も正しいものでなければ意味がないだろう。間違った信念を頑《かたく》なに持ち続けることほど市民にとって迷惑な話はないのだから。

政治家にとっての〝正しさ〟とは何なのか。

その答えを求めて、雲助は再びアリストテレスを訪ねた。

「ことのいきさつはだいたい把握しているつもりである。政治術探究の材料ともなろう」

アリストテレスはそう言った。

「では、早速お尋ねしますが、狩屋のしたことは間違っているでしょうか」

「間違ってはいない。談合なる行為は、この国の法律に反することであろう。**〝法に反して意図的に害をなす行為〟を不正と言う**[※11]。不正を告発することは、当然正義の行いであろう」

「しかし、その結果として狩屋は自分が慕っていた逆原を追い落とす結果になってしまい、苦しんでいます」

「それは、本当の愛のあり方ではない。本当の愛とは相手のもとに徳と、それに従った行いがあるように望むことである。相手が邪悪な行為をするのであれば、それを止めることこそ真の愛である。現に逆原なる人物はそのおかげで罰を受け、更生する機会を得るわけではないか」

※11　〈不正を犯すとは、「法に反して意図的に害を為すこと」〉（『弁論術』第一巻第十章）

「しかし、法律にこだわったがゆえに誰かを不幸にするということもありうるのではないでしょうか？　現に今回の件でつぶれる会社も出てきそうです」

「まず言っておくが、**法とは知性の結晶な**のだ。それまで人間が積み重ねてきた、正しいとされる価値観や判断が法の中には結実している。これに従うのは、ロゴスに従うことなのだ。[※12]　一方で、**法が現実にそぐわぬからと言って、それを無視して政治をつかさどる者が勝手に判断するというのでは、ロゴスではなく欲望に政治を任せることになる**だろう。従って、もし現実にそぐわぬ法があるのならば、まずは法を補正すべきである。ギリシャ同様、この国でもそれが許されているはずだ」

　まったくの正論であった。

（しかし、この国では、政治判断から裁判まで、慣習や権力が法を捻《ね》じ曲げる場面が常にみられる。〝法の支配〟ではなく、〝人の支配〟がまかり通っている）

　雲助はそう思いやるとともに、心中、別の疑問が湧《わ》き起こっていた。

「政治家は現実問題として、法に従っていればいいというわけにはいかないでしょう。どんな政策を進めるべきか、どんな新しい法律を作るべきかの判断については、過去の法律はほとんど何も教えてくれません」

「そうした場合も、政治が何のためにあるのかを考えれば、おのずと指針は得られるであろう。私と初めて会った時にした話を覚えているか？」

「たしか、政治は人々の幸福を作り出す技術であり、正しさを作り出す技術だと」

「その正しさとは平等のことだとも言ったはずだ。端的に言おう。**市民はつねに平等に治められなければならない**。平等こそが政治の指針であり、国家のもとで幸福を生み出す源なのだ」

(逆原の犯した談合も、法律以前の問題として、〝平等〟な競争を妨げた時点で政治家失格の行為だったということか)

雲助は腑《ふ》に落ちるものを感じた。

(政治は複雑だ。だが根本にあることは意外に単純なのではないか)

正論の塊のようなアリストテレスと話をしていると、そんな気もしてくる。

アリストテレスの話は続く。

「ただし、国家の中の平等とは〝**比例的平等**〟でなければならない[※13]。たとえば、税金を徴収する場合、金持ちからも貧乏人からも一律に同じ額を徴収するとする。これもある意味では平等である。しかし、当たり前ではあるが、これでは貧乏人には重く、金持ちには軽い税

※12 〈法が支配することを要求する者は、神と知性のみが支配することを要求するようにみえるが、それに対して人間が支配することを要求する者は、野獣をも支配者に加えるのである〉(『政治学』第三巻第十六章)、〈法は欲求を欠く知性である〉(『政治学』第三巻第十六章)

※13 「比例的平等」については、『政治学』第三巻第九章、第五巻第一章などで考察されている。

だということになるだろう」

「それで〃平等な政治〃をうたったら非難囂々《ごうごう》でしょうね。まあ、それに近い詭弁《きべん》は政治の世界では日常でしょうが」

「政治に求められる平等とは、各人の状態に比例した平等である。これが〃比例的平等〃である。税金の額も、その人の収入に応じて調整し、それぞれの人にとって同じ程度の負担感となるように配慮する。これこそが政治に求められる平等なのだ。こうした考え方を〃配分的正義〃とも言うが」

「たしかに、その配分こそ頭を悩ませるところです。まあ自分の地元選挙区に多く配分して、それで事足れりとする政治家も多いですが」

　その瞬間に頭に浮かんだ顔の多さに雲助は内心苦笑した。

「私の観察したところ、**政治を不安定化させるのは、ほとんどの場合不平等**なのである。これには裕福な者が自分にふさわしい配分を得られない時に不平等を感じて抗争を始める場合と、貧乏な者が裕福な者と同等の配分を得られない時に不平等を感じて抗争を始める場合がある※14。ただ、いずれにしても、ここでも問題になるのは貧富の分裂なのだ。だからこそ、政治をつかさどる者は、平等を指針としなければならない。幸福を作るために。そして国家を守るために」

　自分の仕える狩屋は、談合をつぶすことで〃平等〃を守り、談合に関わった人間以外のすべての人間を〝不平等〟から救ったのだ。

（政治家としての生き方は、狩屋のようでよいのだ）

雲助の迷いは消えていた。

日本の政治――アリストテレスならこうする

雲助がその奇妙な噂を耳にしたのは、A市議の主催した交流会でのことである。

――由仁場《ゆにば》街人《まちひと》が狂った。

というのだ。由仁場は、元・民民党議員で引退中の人物であった。

この交流会には、A市議と交流のある別の議員の秘書も何人か参加していた。その中の一人が声を落として語ったのは以下のようなことであった。

「由仁場さん、『古代ギリシャの哲学者がまだ生きてたから、そいつを学長にして大学を作る』なんて言って出資を募ってるんだってよ。やばいよなあ。あの人、もう七十は過ぎてるか。とうとうおかしくなっちゃってさあ。晩節を汚《けが》したもんだよ」

交流会の翌日の朝、雲助は再びホリフネ会館を訪ねた。

※14　国に内紛が起きる原因については『政治学』第五巻に詳しい。

由仁場に関する噂が、雲助の中でアリストテレスと結びついたからである。

「頻繁《ひんぱん》なる来訪であるな。雲助よ」

アリストテレスは今日も白シャツにチノパンだ。

「その恰好《かっこう》が好きなんですか」

「これがこの国の自由人の典型的な服装であろう」

「誰かに追われてないですか」

アリストテレスはソファーにゆったりと腰かけると、

「追われているが、追う者は無能であるようだ。特に問題はない」

「そうですか。何か困っていることがあったら」

(力になろう)

と雲助は考えていた。

「困っていることは皆無である。それよりも、われわれの目下の探究は満足すべきものとなっているだろうか」

(訊きたいことはないのか、という意味か)

雲助の見るところ、アリストテレスという人物は語りたがるところがあった。そして、雲助の側にも訊きたいことが山ほどある。

「では、あなたが政治家だったとして、どのように国を治めますか」

これは雲助が最も訊きたかったことである。

「この国の政治的な状況についての個別的な事柄への観察が不足しているため、ある程度一般的な説となるが」

とアリストテレスはいったん前置きした。

「**政治をつかさどる者が気にかけるべきは、つねに国制の安定**である。私は私の考えるすべての国制の安定を保つ方策を考察したが、特に民主制に当てはまるようなものをいくつか列挙することとする。まず、**いかなる者に対しても国の均衡《きんこう》を破るほどの力を持たせない**こと。強すぎる存在は、これが生まれないように、法律で規制されなければならない」

「我が国の政治体制は、大前提として三権分立と言って権力の集中を防ぐ仕組みになっています。その均衡に問題があるという話もありますが」

「ならば、なによりである。次に、**国制を転覆しようとする勢力は監視されなければならない**」

「それについては、テロ組織や非合法組織なんかを監視する公安調査庁というものが、我が国にはあります」

「そうか。では、これはどうであろうか。**裕福な者を慎重に扱うこと**。裕福な者は、それ以外の者より数が少ない。それを利用して、多数決で彼らの財産や、収入までもすっかり取り上げて、再配分するようなことがあってはならない」

「どういうことでしょう」

「このようなことをしていると、裕福な者は国制に反感を持ち転覆を試みるか、よくても国外に去ってしまうであろう。こうなってしまえば、貧乏な者も生きていくことができなくなる。民主制においては、裕福な者は少なくとも比例的平等に基づいて、あるいはやや有利に扱うべきである」

「なるほど。たしかに日本は富裕層には住みにくい国だと言われていて、時折、彼らの海外移住が問題になります」

「また、これが極めて重要なことであるが、**政治をつかさどる職に就《つ》くことが利得を生まないように気を付ける**のだ。金目当ての卑しい人物を政治に近づけてはならない。利得さえなければ、そこに就こうとするのは、徳のある人物だけになろう。公職はすべての者に開かれていて、なおかつ徳のある者のみがそれに就こうとする。可能な限りロゴスに従った政治を行うには、そんな状況を作り出さなければならない[※15]」

　雲助は、アリストテレスの言葉で政治家に汚職が許されない理由をはっきりと悟ることができた。政治家が利益をむさぼる行為は、それ自体が許されないということ以上に、徳のない貪欲な人物を政治に引き寄せる点で罪が深いのだ。

(汚職とは未来の政治への冒瀆なのだ)

　そう雲助は考えるようになっていた。

政治家に求められる三つの条件

「そして最後に、雲助よ。政治をつかさどる者に求められる三つの条件について、私の考えるところを伝えておきたい」

「お願いします」

「まず、

1　現行の国制に対する親愛の情

この国は民主制の国であるから、民主制という国制を愛する心がなければならない。

次に、

2　職務についての最大の実行力

政治とは技術であり、実行されねば意味がない。実行のための知識と能力がない者は政治に関わるべきではない。

最後に、

3　国制に適した徳と正義の精神

この国で言えば、現在の民主制において求められる徳と正義を身に着けていなければならない。百年前に求められた徳や二百年前に求められた正義ではなく、現在、この国制のこの

※15　以上のような、政治体制を安定させる方策については『政治学』第五巻第八章に。

国において人々が求める徳や正義を持った人物こそが政治家にふさわしい※16」

雲助は心中深くうなずいた。

これらは以後、雲助の政治家としてのひそかな指針となる。


次の日、狩屋が議員会館に雲助を呼んだ。

時々あることではあるが、雲助には用件が思いつかない。

「オレは党を出ることにした」

いきなり切り出した狩屋に雲助は驚愕《きょうがく》した。

(なにを言い出すんだ)

「出て、どうするんですか。党を移るということですか」

「いや、当面は無所属で行く。そして、ともに戦える仲間を見極めて、いずれは党を作ろうと思っている」

「でも、次の選挙は」

「無論、無所属で勝つ。直《じか》に市民の話を聞き、支持を取り付ける。それで絶対に勝ってみせる。もう意味もなく特定の組織のために動くのはやめた。これが本来の民主主義だろう？」

狩屋がにやりと笑った。

「しかし、急にどうして？」

「お前の眼だよ」

雲助は意味を図りかねた。

「最近、お前の眼つきが会うたびによくなってる。何があったのかは知らないが。そして、オレは、そんなお前から見ても恥ずかしくない人間になろうと思ったんだ」

狩屋金太郎は民民党に離党届を提出し、無所属での活動を始めた。以後、坂上雲助もまた狩屋に従って厳しい政争を戦っていくことになる。

※16　政治家の三つの条件については、『政治学』第五巻第九章に。

超高速！

『政治学』の内容とは？

『政治学』は市民を幸福にするための政治のやり方を研究した著作。『ニコマコス倫理学』の続編的な内容。

1 人間は自足的に暮らすために家や村といった共同体を作る。

2 国家はそうした共同体の最終形態。

3 「人間は自然によって国家的（ポリス的）動物である」。

4 国家には奴隷と自由人がいる（当時のギリシャの常識）。

5 奴隷の中には生まれつき奴隷として生まれるもの（自然的奴隷）がいる。

6 国家は自然的に一種の「多さ」。一つになる方向に進んでいけば国家でなくなる。自足的であることを求めるなら、いっそう一つであることより、いっそう一つでないことのほうが望ましい。

7 国制（政治体制）の分類。
単独支配制：A公共の利益を重んじる「王制」⇕a自らの利益のための「僭主制」
少数支配制：B優秀者が治める「貴族制」⇕b富裕者の利益のための「寡頭制」
多数者支配制：C公共の利益を目指す「国制」⇕c庶民の利益のための「民主制」

8 逸脱した国制の中でも、「僭主制」が最悪。「民主制」が一番まし。

9 寡頭制論者は「富」を持つ者が支配すべきだと考え、民主制論者は「自由」を持つ者であれば誰でもが政治に参加すべきだと考える。「富」と「自由」の対立である。

10 正しく制定された法こそが国を治めるべきで、そこで規定しきれないことにだけ人間は権限を持つべき。

11 政治学は至高な知識であり技術。その目指すべきことは「善」。「善」とは「正しさ」、「正しさ」とは「平等」。

12 真の政治家は「状況からみてできるかぎりの最善」の国制を念頭に入れておくべき。さらに現実の国制をどのように保つべきかも考えるべき。

13 現実の政治では、中間層の人々を重視し、中間の人々が最も栄えるように配慮すべき。

14 政治体制の不安定化を招くのはつねに「不平等」。

15 第五巻第八章と第九章などにおいて、国制の維持のためのさまざまな政策的工夫が列挙されている。

16 第七巻と第八巻においては、アリストテレスの考える徳の実践を中心に据えた理想国家の姿が描かれる。

第四章

泣ける小説が書きたい！

『詩学』

「泣ける小説」とはいったい何か？

外の世界がますます寒くなっても、僕とはまるで関係がないように感じられた。季節の円環は僕の思考の円環とまるで関係ないかのように回転している。そんな痛々しいイメージは、まるでアールブリュットの絵画のように原始的だが生々しく僕の心に焼き付いて離れない。

今、僕の目の前には、かわいいショートヘアの女の子がいた。彼女はマドリードの路地裏にいる野良猫のような瞳で僕を見ている。

「聞いてるんですか、森《もり》さん。今のまんまの作風じゃ、あなたの本はますます売れなくなりますよ！」

その女の子が僕に言った。女の子は怒っていた。

やれやれ。僕の書く小説が売れないからと言って、なぜこの子が怒る必要があるんだろう。なぜ僕のことをそんなに心配してくれるのか。その理由が、僕にはモネが晩年に描いた絵のように不明瞭に思える。

「はっきり言わせてもらうと、あなたの最近の小説は面白くない。独りよがりなんですよ」

「そう。僕は独りよがりな人間なんだ。でも、これは治らないんだ」

「治してください！　こんな本出したら、うちの会社は大損こくんです！」

そうだ。

ここは不死鳥《ふしちょう》出版社の打ち合わせ室で、彼女は青井《あおい》レイナで、僕の小説の担当編集者だ。なんでそんな大切なことを忘れていたんだろう。

「君は僕の担当編集者だ。恋人じゃない」

それを聞いて、彼女は顔を真っ赤にして机を叩《たた》き、立ち上がった。

「あたりめえだろ！　ぶっとばすぞ！　いいか、とにかく〝泣ける小説〟を書け！　活路はそこしかない！」とレイナは言った。

やれやれ。僕はどうやら〝泣ける小説〟とやらを書かなければいけなくなったらしい。窓から外をみると、空はピーター・クレイヴンのスコットランドの風景写真のように陰鬱《いんうつ》に曇っていた。

僕は不死鳥出版社を出ると、銀保町《ぎんぼうちょう》の街をぶらぶらと歩き、手ごろな喫茶店を見つけるとそこに入って、サンドイッチと熱いコーヒーを注文した。

僕はビル・エヴァンスのピアノがおっとりと流れている店内で、サンドイッチを食べ、コーヒーを飲みながら、レイナの言った〝泣ける小説〟という言葉に拘束されていた。〝泣ける小説〟っていったい何だろう。何気なく手に取ってページをめくったら、紙の上の文字が一つ一つ針みたいに眼球を刺激して涙が止まらない。そんな小説だろうか。それがどんな小説なのか、僕にはまったく見当がつかなかった。

なにしろ僕は普通の人間なのだ。びっくりするほどありきたりで、まるで五線譜の上の四分音符のような人間なのだ。

そんなことを考えていると、店内にいた女子大生らしきグループのうちの一人で、とびきりかわいい顔をした子が、さっきから僕のほうをちらちらと見ていることに気が付いた。彼女は僕と目が合うと、突如席を立ち、僕の席のほうに歩いてきた。そして、僕の席の後ろにあるトイレに入っていった。

「苦悩しているようであるな」

僕がトイレから声のした方に振り返ると、目の前には、まるでゾンビ映画で最初に食べられる農夫といった感じのひげ面《づら》の外国人が立っていた。白いワイシャツに灰色のチノパンを穿《は》いている。

「ハロー。ナイス・トゥー・ミーチュー。マイ・ネーム・イズ・ノリエイ・モリ」と僕が言うと、「それより、君の考えていることを話してみたまえ」と彼は勝手に前の席に座った。

「やれやれ」と僕は言った。

僕はこの外国人に今考えていることを話した。そのうち、なんだか神父に罪の告白をし、逐一許しを得ては救われていくような、そんな気分になった。僕に必要だったのは、僕の頭の芯で鬱屈《うっくつ》していた靄《もや》を、言葉を通じて排出させてくれるような、誰かの耳だったのかもしれない。

僕の話を一通り聞き終えると、アリストテレス（そう彼は名乗った）は、不思議なほど流《りゅう》暢《ちょう》な日本語でこう言った。

「つまり、典英《のりえい》よ、君は小説なる詩の一種[※1]を書くことを生業《なりわい》とする者であるわけだ。そして、最初の一作品で一定程度の注目を浴び、名声と栄誉を得ることとなったが、最近では評価をされず、徐々に作品を発表する場を失ってきた」

「そういうことになるね」

「そして、〝泣ける小説〟なるものを書けと言われている、と」

「僕には、〝泣ける小説〟がどんなものなのか分からない。これは分からないふりをしてるわけじゃない。本当に分からないんだ」

「分からないことは了解した。しかし、君は見たところ四十歳はとうに過ぎているように見える。なんだ、その話し方は」

「『ねえ、あなたってなんだかハンフリー・ボガートみたいなしゃべり方するのね。クールでタフで』とはよく言われる。そんなことないんだけどね。僕はごく普通の人間だから」

それを聞いたアリストテレスは、「ふむ」と顎《あご》に手をやった。

「そうか。了解した。では、さっそく〝泣ける小説〟の探究を始めようではないか」

※1　ギリシャの文芸といえば、叙事詩や抒情詩、悲劇や喜劇（の脚本）で、いずれも「詩」と呼ばれ、それを作る人は「詩人」と呼ばれた。

「探究か。悪くないね」

僕の前にいるアリストテレスは、まるで百年も千年も前からそこに座っていたように、喫茶店の雰囲気に似合っていた。

芸術は「再現」だ

「私の考えでは、君の言う〝泣ける小説〟とは、まったく同一ではないにせよ、ギリシャで言う**悲劇**※2に相当するものではないかと考えられる。なぜなら、両者ともに**憐《あわれ》みと恐れの感情を観《み》る者、読む者に呼び起こすことを目的としている**からだ※3」

「憐みと恐れか。どこか僕には遠いことの気がする。世界と僕の間には、なにか膜のようなものがあってね。どうやら、外からそういうものは入ってこないらしい」

「外からやってくるのは感情の原因となる物事であって、憐みや恐れなどの感情そのものではない。従って、その君の説は間違っている。いずれにせよ、それは当面の探究とは関係がないからおいておくこととしよう」

「そうだね」

「私の教える悲劇についての考え方は、君の仕事に大いに役立つであろう。悲劇などの詩作についての私の説は、どうやら広く文芸なるものに影響を与えたらしい定評ある見解であるようだから」

「定評ある見解なら、ぜひ聞かせてよ」

「無論、聞かせよう。まず、悲劇について語る前に、芸術とは何かが知られなければならない」

「ふうむ」と僕は言った。

「あらゆる芸術はミーメーシス、すなわち〝**再現**〟に他ならない。詩作であれば言葉によって、音楽であれば音によって、絵画であれば色や形によって何かを再現しているのだ。※4 人間は誰もが再現されたものを喜ぶ。その証拠に実物を見てもなんとも思わないものでも、それが文章や絵画によって正確に写し取られると人は喜ぶであろう」

「そうだね。アムステルダムの風景なんかを写真みたいに描いたハイパーリアリズムの絵を見て、僕も思うんだ。悪くないってね。そんなに本物に近いほどいいのなら、いっそ本物を見ればいいはずなんだけど、現実はそうなってない。それが再現を見る喜びってやつなんだ。僕の考えでは」

「君の考えではなく、私の考えだ。では、再現を人が喜ぶのはなぜか。それは知ることであり、

※2　アリストテレスの当時、悲劇の脚本は読み物としても楽しまれていた。

※3　〈（悲劇の）組み立ては恐れと憐みを呼び起こすような出来事を再現するものでなければならない〉（『詩学』第十三章）

※4　〈叙事詩篇や、悲劇の創作、さらには喜劇、ディテュランボス創作、また笛や竪琴《たてごと》の音楽の大部分、これらすべては、全体として見れば、「再現」に他ならない〉（『詩学』第一章）

学びであるからだ。人はみな程度の差こそあれ、学ぶことに喜びを感じるものだ。[※5] たとえば、人間を再現した芸術作品を見て、『これはまさに人間の姿だ！』などと発見し、それと同時に人間について学ぶ。これが芸術作品を見る人、聞く人に喜びをもたらすのだ」

「僕もフィッツジェラルドの『グレート・ギャッツビー』を読んで、愛や愚かさについて学んだ気がするよ」

「その『グレート・ギャッツビー』なる作品を私は知らないが、もし君が愛や愚かさを学んだのだとしたら、それは人間の愛する行為、愚かな行為がうまく再現されていたからだ」

「うん。分かる気がするよ」

「何が再現されているのかで、その作品の持つ価値は変わる。私の考えでは、詩作は全般として単に事実を記す歴史書よりも、哲学的であり優れている。歴史書は歴史の中の個別の事実を再現するにすぎないが、**詩作は創作を通じて人間のいかにも〝ありそうな〟姿を再現し、より人間の本質に迫る普遍的な部分を再現する**からだ[※6]」

「なんだか壮大な話だね」

「したがって悲劇を書く詩人は、個別の人間の姿ではなく、誰にでも当てはまる普遍的な姿を再現し、かつ観るもの、読む者を魅了しなければならない。そのためには**技術**が必要なのである。[※7] そして、その技術こそ、まさに私が君に説こうとするところのものである」

そこで何かに気が付いたように、アリストテレスが店の置時計を見た。

「そろそろバイトの時間である」

「話が途中じゃないか。技術の話はどうなるんだい」と僕が言うと、アリストテレスは「続きはまた」と答えて立ち上がり、店から出て行った。

気が付くと、外は暗くなっていて、店内で流れていたビル・エヴァンスは、いつの間にかセロニアス・モンクに変わっていた。

帰り道、僕は本屋に寄って、フォークナーやヘミングウェイを尻目に、ベストセラーコーナーで「今一番泣ける小説！」というポップの立った『あの日、キミと最後の朝食を』という本を、それこそ泣きそうな気持ちで買った。〝泣ける小説〟の参考になれば、と思ったのだ。

僕は千葉の元八幡《もとはちまん》というところにある古いアパルトマンに帰ると、電気をつけて荷物を食卓の近くにおろしてから、夕食の準備を始めた。

僕は冷蔵庫の中にトマト缶とひき肉と玉ねぎを見つけ、それで簡単なトマトソースを作っ

※5　人間は自然的に真似られたもの、再現されたものを喜ぶというアリストテレスの考察については『詩学』第四章に。

※6　〈詩作（ポイエーシス）は、歴史（ヒストリアー）よりもいっそう哲学的であり、いっそう重大な意義をもつのである。というのも、詩作はむしろ普遍的な事柄を語り、歴史は個別的な事柄を語るからである〉（『詩学』第九章）

※7　正しい（ロゴスをともなった）制作には技術が必須であるというアリストテレスの考え方については、『ニコマコス倫理学』第六巻第四章に。

て、別に茹《ゆ》でておいたパスタの上にかけて食べた。そしてあまり気は進まなかったけれど、『あの日、キミと最後の朝食を』を手に取った。カバーにチャンピオンベルトみたいに巻かれたオビには、「累計五十万部！　映画化決定！」と燦然《さんぜん》と書かれていた。

やれやれ。僕の処女作も結構話題になったけれど、結局三万部どまりだった。

本を開いて読んでみると、久しぶりに幼馴染《おさななじみ》の女に会った男が彼女と恋に落ちるが、女が難病だとわかって看病し、死の淵《ふち》にまで至ってから奇跡的に回復する、それだけの話で、あまり面白いとも思えなかった。ただ、これが〝泣ける小説〟で、これを僕が書かなければならないと考えると、自然とため息が出た。

悲劇は「中間の人々」が不幸になるさまを描く

次の日の昼過ぎ、僕は家の近くの喫茶店で、熱いコーヒーを飲みながら、〝泣ける小説〟の筋を考えていた。どうにも頭がまとまらない。アリストテレスによれば、読んでいる人の恐れと憐みを引き起こせばいいんだろうけど、そんな他人の心に手を突っ込んで揺さぶるような真似《まね》がどうすればできるのか、僕には見当がつかなかった。

僕は、芸術なんてあらゆる排泄《はいせつ》行為と同じもので、身の内にあるものをすべてぶちまけてしまえば、それでいいのだと思っていた。しかし、アリストテレスはそれを「技術だ」と言い切った。

足りないのは技術なのだろうか。僕はテーブルの上で頭を抱えた。

「ちょっと、ここ座ってもいいかしら」

女の子の声がした。顔をあげると、ショートボブのかわいい子が、隣のテーブルの男の前に座ろうとしていた。

「いまだ悲劇の制作について悩んでいるようであるな」

振り向くと、アリストテレスがいた。

「どうしてここに」

「本気で何かを知りたいと考えれば、私に出会うのだ」

「ずいぶんと詩的だね」

アリストテレスは、昨日と同じ白いシャツに灰色のチノパンを穿いていた。ただ不思議と不潔な感じはしない。むしろ、清潔の権化《ごんげ》のようにシャツは純白で、しわ一つない。

「その服はお気に入りなのかい？」

「服装についての適正な指針が得られるまで、信頼できる人物の見解に従っている」

「僕にはよく分からないけど」

「それよりも、やはり悲劇を制作するには技術がなくてはならない。その探究が途上である以上、君が制作に苦慮するのは無理もないことである」

そう言ってアリストテレスは、昨日と同じように目の前の席に座った。

「僕には〝泣ける小説〟の筋がなにも思いつかないんだ」

「**物語の筋こそ悲劇の第一原理**である。[※8] 悲劇を制作するものにとって最も熟慮に値する部分であろう。これを考えるには、昨日話した『悲劇とは、人間の普遍的な部分、普遍的な人間の再現である』という点にいったん立ち戻らなければならない。では、その結論からさらに一歩進めよう。そのためには人間の何を再現するべきか？」

「それは人間の罪深さとか、愚かさとか」

「そうではないのだ。そういったものは直接の再現の対象ではない。**悲劇が直接に再現するのは、いかにもありそうな人間の〝行為〟**である。君の言う罪深さも愚かさも、結局は登場人物たちの行為を通してしか描くことはできないのだから。そして、登場人物たちの行為の積み重ねが物語の筋となる以上、悲劇を制作するものにとって、よくできた物語の筋こそが最も重要である[※9]」

「なるほど」

「そして、悲劇における物語の筋には、必ず〝**運命の変転**〟がなければならない。つまり、登場人物たちが幸福な運命から不幸な運命へと変転していくさまが描かれていなければならないのだ」

「たしかに、『あの日、キミと最後の朝食を』では、ヒロインが難病であることが発覚して不幸になっていくね。あまりいい話だとは思わないけど」

「その作品は参考にするために私も読んだが、いい話ではないどころか、悲劇としては三流であろう。あの話では、それまでの物語の筋となんの関連もなく、突如あの娘が難病になり不幸となるが、こんなものは悲劇ではない。本当の悲劇は、**物語の筋の中のすべての出来事が因果関係によって統一されていなければならない**[※10]。訳もなく難病で不幸に陥るなどもってのほかである。本当の悲劇であれば、不幸への転変の原因となる行為もまた、必ず物語の筋の中で描かれていなければならないはずなのだ」

「不幸の原因となる行為。本当の悲劇ってやつは、自業自得《じごうじとく》の話ってことかい？」

「むろん、現実には偶然による不幸もあるであろうが、それは悲劇の対象ではない。自業自得という言い方が適切であるかはおいておくとしても、悲劇が再現すべきものが、人間の行為の結果としての不幸への転変であることは確かである」

「たしかに、僕たちの不幸ってのは、結局のところ自分の過ちが原因だったりする。そうは思いたくないから、たいていの人はそこをごまかして生きているけれど」

※**8**　〈物語の筋こそ悲劇の第一原理であり、いわば魂であって、人物の性格は第二のものなのである〉（『詩学』第六章）

※**9**　〈悲劇は行為の再現であり、（中略）物語の筋こそその行為を再現するものにほかならない〉（『詩学』第六章）

※**10**　物語の筋の統一性についての考察は『詩学』第八章に。また第十五章には〈物語の筋の解決というのも、物語の筋そのものから帰結しなければならないのは明白〉という言葉も。

「そこを描くのが悲劇なのである。しかし、悲劇における運命の転変については、三つの描いてはならないパターンがある。これらは決して憐みと恐れを呼ぶものにはならないからだ」

「三つってことは、四つよりも少ないね」

「すなわち、その描いてはならない三つとは、まず、

1　徳のある人々が不幸な運命へと転変するさま

これは憐みや恐れを誘う物語というよりも、忌《い》まわしい物語になるからだ。

2　邪悪な者が幸福な運命へと転変するさま

これが最も悲劇に縁遠い物語であることは分かるだろう。

3　邪悪な者が不幸な運命へと転変するさま

ある種の人情に訴えるところはあるかもしれないが、憐みや恐れを誘うものではない。邪悪な者が不幸になるのは当然だからである」

「じゃあなにを書くの？」

「これらのいずれでもなく、卓越した徳を持つわけでも、邪悪なわけでもない中間の人々、つまりわれわれのような人々が不幸な運命へと変転していくさまを描くのである。それもある種の過ちのゆえに。これこそが、登場人物が邪悪でないがゆえに憐みを、われわれのようであるがゆえに恐れを引き起こす、第一級の悲劇となりうるのである[※11]」

「ハッピーエンドじゃだめなの？『あの日、キミと最後の朝食を』じゃ、主人公の邪魔を

していたヤツらは逮捕されて、難病のヒロインは最後に目を覚ますけど」

「そういった結末は、低劣な読者の願望におもねったもので悲劇とは呼べない。むしろそこから得られる快楽は喜劇に近いものになってしまうであろう※12」

「ふうむ」

「話を戻そう。私の考えでは、この中間の人々を描く際、性格の描写として四つのことに気をつけなければならない。

1　登場人物の性格は優れたものとして描くこと

中間の人々なりに、優れた性格の持ち主として描くこと。不必要に劣悪な性格にしてはならない。

2　性格は登場人物にふさわしいものであること

男性は男性らしく、女性は女性らしく、英雄は英雄らしく、悪党は悪党らしく描かれなければならない。

3　当の人物に似た性格にすること

登場人物が実在の者であれば、実際の人物像に似た性格にしなければならない。

※11　悲劇はわれわれに似た人を描くべきだという考察は、『詩学』第十三章に。
※12　〈この場合の快楽は、悲劇からもたらされる快楽ではけっしてなく、むしろ喜劇に特有の快楽なのである〉（『詩学』第十三章）

4　性格が一貫していること。

人物の性格が二転三転してはならない。仮に一貫性のない人物であるなら、一貫して一貫性のない人物として描かなければならない。

以上である。いずれにせよ、登場人物の性格は必然性があるもの、あるいはいかにも〝ありそうな〟ものでなくてはならない。※13 そうでなくては、読む者が作品を高く評価することはあり得ないであろう」

そこで何かに気が付いたように、アリストテレスが店の置時計を見た。

「そろそろバイトの時間である」

「またかい」

「だいぶ悲劇の何たるかが見えてきたはずである」

「そんな気もする」

「スタゲイラの怪」

金曜日、僕は富士見坂文学会の子たちと会う約束をしていた。

富士見坂文学会というのは、僕の出身大学にある、小説を書いたり批評し合ったりする文学サークルだ。僕は今度の学園祭で、このサークルに招かれて講演会をすることになっていた。

僕が待ち合わせ場所のカフェテラスに着くと、すでに女の子が二人、レモンソーダとアイスティーをテーブルの上に置いて待っていた。一人は髪がまっすぐに長くて、黒いタートルネックのニットにカーキ色のパンツ、もう一人は眼鏡をかけていて赤いチェックのワンピースを着ていた。

「森先生ですね、よろしくお願いします」

二人の子がほぼ同時に言って、名刺を出してきた。

「富士見坂文学会の加納杏《かのうあん》と申します」と髪の長い子のほうが言い、「富士見坂文学会の猫《ねこ》石《いし》ナツメです」と眼鏡をかけたほうの子が言った。

「森です。よろしく」

と、僕が言うと、もう一度二人は「よろしくお願いします」と言った。

話してみると、杏は自分でも小説を書き、ナツメは自分では書かないのだそうだ。杏はナツメの肩を叩きながら、「この子は最近、コントラバスを弾く素敵な彼氏ができたから、小説を書くどころじゃないんです」と言った。

杏の言葉を無視して「それで、講演会のことなんですが」とナツメは切り出した。

「どうやって作品をお書きになっているのか、アイデアの出し方や作家としての生活なんかについてお話しいただければ、と考えているんですが」

※13　登場人物の性格描写についての考察は、『詩学』第十五章に。

「ふうむ」

「どうでしょう」

「僕は、小説で最も大切なのは物語の筋だと思っている。これはあくまで僕の意見だけど、物語の中のすべての出来事が因果関係によって統一されている、そんな小説こそが最も優れた小説だと信じているんだ」

ナツメと杏は身を乗り出して僕の話に耳を傾けている。

「僕は小説を人間の行為を描くことを通じて、人間を再現するものだと思っている」

僕はいつの間にかアリストテレスになっていた。


それから、僕たちは講演のテーマについて話し合い、二人は大学に戻ると言い、僕は近くにあった別の喫茶店に入って、熱いコーヒーを飲みながら、備え付けの週刊誌を手に取った。店内では、オスカー・ピーターソンの「ザ・デイズ・オブ・ワイン・アンド・ローゼズ」がかけられていた。

週刊誌では、最近発覚した政治家の談合関与疑惑が大々的に報じられていた。僕はそんな記事に興味が湧《わ》かなくて、パラパラと読み飛ばしていると、別のページにあった「スタゲイラの怪」と銘打たれた小さな囲み記事に目がとまった。そこに、〝アリストテレス〟という名前があったからだ。

記事によれば、ギリシャのスタゲイラは、昔から哲学者アリストテレス生誕の地として知られていたが、今年の発掘調査で遺跡の一つがアリストテレスの墓である可能性が出てきた。そこで日本の調査団もまた先月、その地に派遣されたが、そこでなんとも奇妙な顛末《てんまつ》になったというのである。

きっかけは、遺跡で調査を進めている最中に、同行した学生が突如「本が人になった！」と叫んで倒れたことだった。そこから、日を追うごとに調査団にいた考古学者や哲学者らが「謎《なぞ》が解けた！」「すべてが分かった！」などと言いながら、一人ひとり正体不明の興奮状態に陥っていき、ついには調査を放り出して全員が帰国してしまった。この事件は、大学や研究機関の間ではなかったことになっているらしく、関係者は重く口を閉ざしているということだった。

たしかに、僕に悲劇を教えてくれたアリストテレスも古代のアリストテレスと同じアリストテレスという名前だけれど、彼が同じ名前だからといって、この事件と何か関係があるかのように考えるのは馬鹿げていると思う。

僕は週刊誌を放り出して、ノートを取り出し、〝泣ける小説〟の筋を考えることにした。今度は何かが思いつきそうな気がした。

僕は一週間で物語の筋を完成させた。

僕は、不死鳥出版社に行って、自分の書こうとする小説についてレイナに話すことにした。打ち合わせのための部屋に通されて、レイナを待っていると、しばらくして、彼女が部屋に入ってきた。

「前回の打ち合わせでは、ぶっとばすぞ、なんて言ってすみませんでした」

「仕方ないさ。みんな自分を表現しようとして、でも正確に表現できなくてイライラするんだ」

レイナは、チッと大きく舌打ちしてから、「おっしゃる通りです」と言った。

僕はそれから、レイナと僕の考えている小説の構想について話した。レイナは、話すうちに初めて会った時のような笑顔を見せてくれるようになった。

「いいですね。今までとは段違いです。登場人物も等身大だし、主人公たちの陥る悲劇にもちゃんと説得力ある伏線がありますし」

「そうかな。喜んでくれてうれしいよ」

「ハッピーエンドにはしないんですか？」

「そんな読者の願望におもねった筋書きじゃ、本当の悲劇とは言えないよ」

「さすがですね。そんなに信念があるのなら、何も言いません。ただ、なにかもう一つ仕掛けが足りない気がします。読者が驚くような。それを考えてくれませんか。それが考えついたら書き始めましょう」

僕は彼女との会話が初めて弾《はず》んだことを、悪くないと思った。

読者を感動させる「逆転」「認知」「苦難」

レイナとの打ち合わせを終えると、元八幡のアパルトマンに帰った。

世界との間になにか膜のようなものを感じていた僕も、〝泣ける小説〟について考える中でなにか世界になじんできたような気がしていた。それはなんでなんだろう。熱いコーヒーを飲みながら、そんなことを考えてみると、驚くほどあっけなく答えは見つかった。

それはアリストテレスに悲劇について教わるうちに、自然と僕が読者のことを考えていたからなのだ。

僕は、本当は他人に好かれたかったのだ。女の子にだってモテたいし、読者にだってほめられたい。そのくせ、こちらが何もしないでも自然と好かれるような、そんな状況を理想としていた。

現実にそんな状況は誰にでも与えられるわけではないのだ。普通の人間が他人から好かれるには、真っ当な努力が必要なのだ。きっと、それがアリストテレスの言う〝技術〟なのだ。読者に好かれたければ、読者について分析し、書くものに工夫を凝らさなければならない。

もちろん、天才はその限りではないんだろうけれど、あいにく僕は普通の人間なのだ。本当に切実に普通の人間だ。

そこまで考えた時、僕は飲みかけの熱いコーヒーをシンクに流して、取り出したコップに蛇口の水を注いで一気に飲み干し口を拭《ぬぐ》った。


そこから頭がしびれるほど、ああでもないこうでもないと読者を喜ばせる、憐みと恐れを抱かせるような仕掛けを考えたけれど、どうもうまくいかなかった。だが僕はもう世界になじんだのだ。当たり前の努力を放棄するつもりはさらさらない。

僕は、考えて考えて考え続けた。読者はどんな仕掛けを望むのか。そのために自分は何を書けるのか。なかなかいいものが思いつかない。

気が付くと、いつの間にか、窓からはルノワールの絵みたいな柔らかい光が差し込んでいた。朝になっていた。僕は椅子から立ち上がると、伸びをした。もう一度アリストテレスに会えたら、彼は何を教えてくれるんだろう。ふとそんなことを考えた。僕は急に体の芯を鉛にされたような疲れを覚えて、ベッドに寝転んだ。いったん休もうと思った。

その時、部屋の呼び鈴《よりん》がなった。僕が重い体を起こして、「やれやれ」と言いながらドアを開くと、そこにはアリストテレスがいた。

「もし君が聞きたいと望むのなら、読む者の憐みと恐れを呼び起こすための適切な仕掛けについて、私の考えを話してみようと思う」

僕はなぜ来たのか、なぜ家が分かったのか、なぜ仕掛けについて悩んでいることを知っているのか、尋《たず》ねることはしなかった。なぜか、不自然な出来事のように僕には思えなかったし、そもそもアリストテレスの考えを知りたがっていたのは僕なのだ。

アリストテレスは、僕がベッド代わりに使っているソファーにどっかりと座り込むと話し始めた。

「優れた悲劇には、ぜひとも次の三つの仕掛けが必要である。すなわち、

1　事態の逆転

2　真相の認知

3　苦難※14

である。まず1の事態の逆転であるが、これはギリシャ語ではペリペテイア、どんでん返しとも訳されるものである。友が結果的に敵になったり、殺すはずの者が殺されたり、よいはずの治療がかえってその人を死に追いやったり、という、そうあるはずの筋から反対の筋へと転換するような出来事のことである。こうした出来事の結果として、運命が変転し、不幸な運命に陥っていくような仕掛けがあると、それを観る者、読む者はいっそう憐みと恐れの感情をかきたてられるであろう」

「ふうむ」

※14　悲劇の筋には逆転と認知と苦難が必要だという考察は、『詩学』第十一章に。

「そして、2の真相の認知であるが、ギリシャ語でアナグノーリシスという。これはまさしく登場人物たちが何かを知ることである。私はソポクレス※15の『オイディプス王』を第一級の悲劇であると深く確信しているが、かの作品が、オイディプス王がかつて殺した人物が実の父であることを知り、自分がめとったイオカステが実の母であることを知り、またイオカステが自分の夫が実の息子であることを知る認知の場面がなければ、成立しないことは明らかであろう」

「僕も大学で演劇史の授業を受けたから、分かるよ」

「登場人物が、なんらかの真相を知る場面には、どれもある程度の劇的な効果があるが、最も劇的で驚くべきもので、憐みや恐れをかきたてるのは1の**逆転と同時に起こる認知**である」

「逆転と同時に起こる認知って？」

「『オイディプス王』で言えば、妻のイオカステは朗報を持ってきた使者によって、自分の夫が実の息子であることを知るのだ。これこそ朗報の使者が恐ろしい事実をもたらした点で逆転であり、同時に夫オイディプスが実の息子だと知った点で認知。逆転と同時に起こる認知の名場面であるといえるであろう。典英よ。読む者の称賛を博したいのであれば、こうした場面を避けることはできない」

「考えてみるよ」

「あとは、登場人物たちには苦難を与えればよい。死を目の当《まあ》たりにする、苦痛や負傷、あるいは恐ろしい行為を余儀なくされるといったことである。むろん、こうした苦難は物語の筋から合理的に生じなければならない。以上、これが悲劇に必要な仕掛けである」

「分かった」

「いずれにせよ、私の見たところ、これで君はすでに十分に優れた悲劇を、いや〝泣ける小説〟だったか、それを書く技術について十分な知識を手に入れたことになるであろう。ならば、あとは書くのみである。よいか、典英。人間の学問には、知るためのもの、行うためのもの、何かを作るためのものの三つがある」

「そして、僕たちの話は、作るためのものだった」

「その通りである。そして、作るための学問は、作品が作られて初めて意義がある。書くのだ」

「書くさ。僕は世界になじんだんだから」

「ならばよい」

そう言ったアリストテレスは、立ち上がって部屋から出ていこうとして、振り返った。

「そうだ。最後に言っておくことがある」

「なんだい」

「君は作家に向いている」

※15　アイスキュロス、エウリピデスと並んで古代ギリシャの三大悲劇作家の一人とされる。アリストテレスは彼の『オイディプス王』を優れた悲劇の典型と考えた。

「え？」

「優れた作品を書くために大切なのは、書く者自身が登場人物になりきり、その感情に入り込んで書くことである。君は見たところ、なりきる才能にあふれているようだ」

僕はそれを聞いて、何と言っていいのか分からなかった。

「だからこそ、**詩作の技術は、素質に恵まれた人か、狂気がかった人のどちらかに属する**のだ。君がどちらなのかは分からないがね[※16]」

そう言って、アリストテレスはにやりとした。初めて見る顔だった。

「ありがとうございます」

僕はちぐはぐに礼を言った。


それから数日間、僕は小説の仕掛けを考え続け、これでよしというものができるとレイナに連絡を取り、もう一度不死鳥出版社で打ち合わせをすることになった。

レイナは、僕が考えた、認知と逆転が同時に起こる仕掛けを聞いて、驚いた。

「これは泣けますね。驚きますし」

「そうかい」

「それにしても」

と言って、レイナは少し黙ると言葉を続けた。

「なんで、急に。失礼ですけど、生まれ変わったみたいにプロットについての考え方が変わったんですか？　なにかきっかけでも」

「アリストテレス」と僕は答えた。

「僕はアリストテレスに悲劇を習ったんだ。そして、僕は彼にとても感謝してる」

あきれるだろうと思ってみていると、僕の予期に反してレイナは身を乗り出した。

「アリストテレスって、あのアリストテレスですか。会ったんですか？」

「会ったさ。まあ、正直あのアリストテレスかどうかは分からないけど、少なくともそう名乗る人物には」

それを聞いて、レイナは慌て始め、立ち上がって、両手で僕を制するような仕草を見せながら、「あの。あの、ちょっと待っててくださいね」と言って、部屋から出ていった。その直後、「ノブー！　アリストテレスに会った人がいたよー！」という彼女の大声が聞こえた。

すると、すぐに部屋にレイナともう一人男が入ってきた。

「編集部の来島《くるしま》ノブです。森先生、アリストテレスに会ったというのは本当ですか？」

やれやれ。僕はこれから何らかの騒動に巻き込まれるらしい。

僕の行く道は、いつもグランパ・ハリーの描いた絵みたいに落ち着かなかった。

※16 〈詩作の技術は、素質に恵まれた人か、狂気がかった人か、このどちらかに属するものなのである〉（『詩学』第十七章）

超高速！

『詩学』の内容とは？

『詩学』は文芸理論と悲劇と叙事詩の創作法を解説した著作。喜劇についての箇所もあったとされるが、今は伝わっていない。

1　芸術は「再現」である。

2　喜劇には劣った人物たちを再現する傾向があり、悲劇は優れた人物たちを再現する傾向がある。

3　再現としての詩作が生まれた理由は二つ。A人間は学習などの場面で自然的に真似をする傾向がある。B人間は見事に真似られたもの、再現されたものを喜ぶ。

4　喜劇について。「滑稽《こっけい》とは、苦痛を伴いもせず破滅的でもないある種の過ちであり、醜《みにく》さ」。

5　悲劇とは、憐みと恐れを通じて、感情の浄化（カタルシス）を達成するもの。

6　悲劇は人間の行為の再現。物語の筋で行為を再現する。

7　物語の筋が悲劇の第一原理。人物の性格描写は第二。

8　悲劇の筋は、始めと終わりと中間を持つ。始めと終わりには必然性が必要で、行き当たりばったりで始まったり終わったりしてはならない。

9　物語の筋には因果関係などによって統一性がなければならない。あってもなくてもいいエピソードは不要。

10　詩人の仕事とは、実際に起こったことを語ることではなくて、起こりうるようなことを語ること。

11　物語の筋には、A逆転、B認知、C苦難、が必要。

12　逆転とは、通常の結果とは正反対の結果に終わるようなエピソードのこと。

13　認知とは、真相を知って愛情や敵意へと至るようなエピソードのこと。

14　苦難とは、目のあたりにする死や苦痛や負傷などのこと。

15　悲劇で描かれるべきは、卓越した善人や悪人ではなくわれわれのような人々。

16　人物の性格描写で気を付けるべきこと。A性格が優れていること。Bふさわしい性格であること。C実在の人物ならそれに似た性格であること。D性格に一貫性があること。

17　言葉の使い方は、明確だが平板でないようにする。

18　耳慣れない語で書けば平凡ではなくなるが、使いすぎれば意味不明の謎か異国趣味のような作品になってしまう。

19　叙事詩も悲劇と同じ点が多いが、上演を前提としていない分、多くの事柄を描くことができる。また用いられる韻律も違う。

第五章

二日酔いをなおしたい！

『問題集』

アリストテレスの日記から

目の前に感覚されるものを記録することこそ、考究の出発点となる行為である――むろん、数学や形而上学《けいじじょう》についてはその限りではないであろうが。

私は動物、各ポリスの国制、植物、天体など様々なものについて記録をつけてきたが、この地、アテナイを去ることはるか東方の日本なる国で目にしたこともまた、そのありのままに記録されなければならないであろう。

※この記録には、ギリシャの暦《こよみ》ではなく、この地において〝カレンダー〟と呼ばれる表に載せられた暦を用いている。

※この記録は、この地において入手した〝ノート〟なるパピルスを重ねた束に、〝ボールペン〟なる筆記具を用いて記した。

※この記録を書き始めたのは、ノートとボールペンを入手した十月十二日であるが、記録自体はさかのぼって、私がはじめてこの地を踏んだであろう十月一日からの出来事を記している。

・十月一日

私はアレクサンドロスの庇護《ひご》を失い、アテナイを去ることとなり、エウボイア島カルキスにおいて胃を患《わずら》って死んだはずであったが、死に嫌われたか、アポロンの導きか、気が付くと見知らぬ土地にいた。

道は一面に石のようなもので覆われ、その中央部には〝自動車〟なる名称の――のちに知ったのであったが――移動のための機械が非常な速度で走っており、両脇もまた一種の石、あるいは水晶のようなもので造られた建物が並んでいた。また、そこかしこには、名状しがたい様々な機械仕掛けの物体が見られた。

私は恐れを感じたが、ギリシャ人にふさわしい冷静さを心掛け、ロゴスに従い、周囲を観察し事態を把握することに努めた。

私にとって不可思議なことは、数にして三つあった。一つは死んだ私が生きていること。死んだ者が生き返ることはないというのが、私の知る限り定評ある見解である。一つは、周囲の光景である。ここがアテナイでもカルキスでもスタゲイラでもないことは、見る限り明らかであった。ここは一体どこであるのか。そして、最後に私が周囲に記され、あるいは話されているギリシャ語とは似ても似つかぬ言葉を、なぜか理解できることである。

目下のところ、観察と思索によって解決を与えることができそうなのは、二つ目の問題であった。

私はまず建物や掲示板などに書かれた文字に注意を払い、その後、偶然に見つけた書物を売るための建物――のちに〝書店〟なるものと分かった――に入ると、そこに収蔵された書物を端から読み上げ[※1]、知識を得、状況を理解せんと努めた。

その結果、この地が〝日本〟なる東方の国であり、私がギリシャで生きた頃から二千数百年ほど時間が経過していることも分かった。私の心には再び恐れが湧《わ》き起こった。

しかし、勇気とは恐れを感じないことではなく、ロゴスの命ずるところに従って、それに美しく耐えることである。[※2]私は耐えることとし、歩きながら、どのように行為するべきか思索にふけった。

するうち、行きかう奇妙な恰好《かっこう》をした人々の中でも、いっそう奇妙な全身紺色の衣服をまとった人物たちに声をかけられた。

彼らは私が誰であり、何をしているのかを尋問《じんもん》してきた。私は堂々と隠し立てなく、自分がギリシャ人であり、アリストテレスであること、哲学を愛する者であり、この国にいる理由は不明であることなどを説明した。すると彼らは〝パスポート〟なるもの――のちに旅行者の持つ身分の証明書であることが分かった――の提出を求め、ないと答えると私を連行した。

私はいくつかの施設をたらいまわしにされ、様々な尋問を受けたが、彼らは私をどのように処遇すべきか考えあぐねているようであった。

とうとう、その日は外国人を収容する施設らしきものの一室で一夜を明かすことになった。部屋は気温等もギリシャに比べてはるかに快適に保たれており、また奇妙な食事も出た。

なぜ、あくびは人にうつるのか？

・十月二日

私は部屋から出され、再び尋問を受けた。彼らの会話から推測するに、私を尋問しているのは〝警察官〟なる公職にあるものらしい。私は虚言を弄《ろう》するわけにもいかないため、ひたすらに私がギリシャ人であり、アリストテレスであり、哲学を愛する者であり、自分がなぜここにいるのかの理由は不明である旨を告げたが、彼らの納得を得ることはできないようであった。

私は早々に例の部屋に戻された。

※1　アリストテレスの時代の読書は黙読ではなく、音読だった。
※2　〈勇気ある者もこうした〔人間の領分に属す〕事柄に恐れを抱きはするが、しかし彼は然るべき仕方で、理《ことわ》りの命ずるところに従って、美しさのためにそれに耐えるであろう〉（『ニコマコス倫理学』第三巻第七章）

私はその日の残りを、思索に費やした。その一部を記す。


なぜ、目をこすると、くしゃみがおさまるのか。

あるいはそれは、くしゃみは体内にある湿ったものの多さ故《ゆえ》に起こるが、目をこすることで、湿ったものに蒸発が生じるからであろうか。目をこすると出る涙は体内の湿ったものの蒸発物である。[※3]

・十月三日

引き続き尋問が行われた。

この日は、〝大学〟なるこの国の教育施設で哲学を教えているという人物が現れた。彼は私の哲学について基本的な知識を心得ているらしく、いくつか哲学についての質問をしてきた。私は野蛮国の住人にも分かるように筋道を立てて、一つ一つ答えた。

すると彼は悲鳴のようなものをあげて出て行ってしまい、その日の尋問はそれで終了した。

再び、私は例の部屋に戻された。

その日も残りの時間を思索にあてた。


なぜ、あくびをする人がいると、それを見た人もあくびをするのか。

あるいはそれは、無性に何かしたい時に、そのことを思い起こさせられると、行動に移してしまうものであり、いつでも行動に移しやすいことであればとりわけそうだからであろうか。排尿のように。※4

・**十月四日**

この日は、尋問の際に、髪の毛を一本抜いて渡すように言われた。野蛮国のなんらかの風習であろうか。私はしぶしぶ渡したが、数日にわたる奴隷的待遇に怒りを募らせていたところであったので、この出来事をきっかけに脱出を決意した。

私は尋問の行われる部屋から移動する際、左右の人物を殴り倒し、手近な窓にはめられた水晶状の板を叩《たた》き割って、そこから外に飛び出した。私の想定したよりも地面からは高さがあったが、不思議と身は軽く怪我《けが》はしなかった。

私はそのまましばらく走り、ここでよいと思われる地点において歩き出した。

※3　『問題集』第三十一巻第一問。ちなみに第三十一巻は主に目に関する巻で、他にも「片眼で見ると両眼で見るよりなぜよく見えるのか」（第二問）、「近視の人はなぜ目を細めて物を見るのか」（第十六問）などといった考察がある。

※4　『問題集』第七巻第一問。第二問と第六問にも同様の考察。第七巻は主に共感にまつわる問題の巻で、他にも「火の近くに立つと尿意を催すのはなぜか」（第三問）、「病気は近くにいるとうつるのに健康はなぜうつらないのか」（第四問）といった考察が載せられている。

どの程度の時間、あるいは距離を走ったのかはいまいち思い出せないが、かなり走ったこととと思われる。にもかかわらず、私が自分の身体の状態を子細に観察してみるに、発汗も息の乱れもない。

私がこの国における最初の友であるナツメに出会ったのは、この直後、状況についての判断材料を得んと、再び目についた書店に入った時のことである。

彼女とその友人である迷子《めいこ》とは、人間同士の友愛について語り合った。彼女たちの言う友愛が異性同士の恋であることにはいささか面食らった。しかし、結婚は男女でするものだが、恋は同性同士でするものだと考えるギリシャ人たる私としても、むろん異性間の恋であろうと友愛の一種として類比的に洞察できる。

彼女たちとは、徳ある善き人が善き人の徳を愛する友愛のあるべき姿、また徳とは中間であること、徳ある行為の積み重ねによって徳ある者になることができることなどについて、満足のゆく語り合いができた。

この語り合いの途中、〝私を追う者たち〟が初めて現れたが、ナツメと迷子の助けもあり、苦も無く逃げ出すことができた。それればかりか、ナツメと迷子は逃亡用の衣服まで贈ってくれた。

晩年、私はアテナイにおいて、よそ者として迫害され無実の罪を着せられて追われることになったが、この東方の野蛮国の女であるナツメと迷子は、よそ者である私を助けてくれた。私の考える徳は果たしてギリシャ人の男だけのものだったのか、考えざるを得ない。

この日、私は、この国においてもあくまで哲学をしようと決意し、心の中でナツメと迷子に誓った。

生命線が長い人間が長生きな理由

・十月五日

私は前日から一睡もせずに歩き続けたが、眠気も疲労も空腹も一切感じなかった。この国における私の身体はギリシャにいた時とどこか違うのであろうか。鏡に映る自分は、若い時のような年を取っているような何とも言いにくい姿に見える。

私はいつまでも歩きながら思索をした。

なぜ、手のひら全体を横切るような生命線を持っている人々は長生きなのだろうか。

あるいはそれは、イカやタコのように体に区切りがない生物が短命なのと反対で、身体に区切りの多い生き物は長生きだからだろう。手のひらが生命線によって区切られている人間

は、本来区切られない手のひらさえ区切られているから長生きなのだ。※5

・**十月六日**

私は依然として、歩行とともにゆったりと不眠不休で思索にふけっていた。

ギリシャにいた時にこのような強靭《きょうじん》な身体があれば、「あるとはなにか？」を問うような大きな仕事——後世〝形而上学〟と呼ばれるようだが——についても、完成させることができたのではないかと、いささか無念さのような感情が湧き起こった。

私が現在〝アルバイト〟なる賃金労働で世話になっている〝大将〟なる人物に会ったのは、この時であった。大将は金銭と引き換えに料理を振る舞う賃金労働者の頭領であった。

大将は私に、なぜ歩いているのか、行く当てはあるのか、金銭は所持しているのか、家はあるのか等と質問を繰り返した。私がありのままを答えると、大将は私を強引にアルバイトの一味に加えてしまった。私はギリシャ人として賃金労働などという奴隷的行為は行いたくない旨を主張したが、大将は「そんなこといってもしょうがねえだろ」という詭弁《きべん》的反論を行うのみでとりつくしまもなかった。

ある程度考察すれば自明であるように、この国で通用する金銭を持っていないというのは悪徳ではないが、不便な状況であった。そこで私は、賃金労働という奴隷的状況に耐えることにした。

その日は大将一家の粗末な家屋で一晩過ごした。

・十月七日

私は朝から〝居酒屋〟なる施設に入って、大将から料理術の基本である〝皿洗い〟等の技術を習い――〝蛇口〟なる水の取り入れ口、〝洗剤〟なる液体の洗浄力は驚くべきものであった――、夕方からは実践することを求められた。

私は夜になると賃金を受け取り、大将の計らいでホリフネ会館なる施設の三階層目にある一室を住まいとすることになった。

・十月八日から十一日

この期間、私は毎日、店で料理術への観察、鍛錬および実践を行い、その日ごとに賃金を

※**5**　『問題集』第十巻第四十九問。第三十四巻第十問にも同じ考察。第十巻は自然学にまつわる問題についての巻。「なぜ動物には咳《せき》をするものとしないものがいるのか」（第一問）、「なぜ動物には妊娠期間の短いものと長いものがいるのか」（第九問）といった考察が載せられている。

受け取った。また、大将による中断は頻繁《ひんぱん》にあったものの、店に訪れる者と哲学談義をすることもあった。たいていの者は興味を持てないようであったが、ギリシャの市民ではないのだから致し方ないことであろう。しかし、彼らも人間である以上、本性として知ることを欲するはずである。ナツメや迷子のように。そのうち、よい談論相手も現れるはずだ。

私は家を出る前や帰ったあとなど、時間があれば思索にふけった。その内容をいくつかここに記しておく。

なぜ、ネギは声をよくするのに役立つのだろうか。

あるいはそれは、ネギがある種の粘り気を持っていて、のどを洗い清めるからであろうか。※6

なぜ、細いハツカダイコンは普通の大きさのものより辛いのだろうか。

あるいはそれは、大きいハツカダイコンは時間が経《た》って熟しているからだろうか。※7

なぜ、同じように何もせずに過ごしても、太る人間と痩《や》せる人間がいるのであろうか。

あるいはそれは、人によって身体の状態が違うからであろうか。すなわち身体が熱い者はその熱で栄養物を消化するために太り、体が冷えている者は安静にしている限り、消化するための熱がないために痩せていくのであろう。※8

なぜ薄い酒ほど悪酔いするのか？

・十月十二日

この日は休暇と呼ばれる日であり、労働を免除された。

大将より受け取った金銭で、ボールペンおよびノートを購入した。この二つの道具は、書くのに非常に適したものである。私が仮にギリシャでこの道具を手に入れていれば、より多くの著作を残すことができたであろうに。

※6　『問題集』第十一巻第三十九問。第十一巻は音声にまつわる問題の巻。他にも、「なぜ息を止めている時のほうが耳がよく聞こえるのか」（第四十一問、第四十八問）、「なぜ酔っている人のほうが、酔っていない人よりも声がかすれやすいのか」（第四十六問）といった考察が載せられている。

※7　『問題集』第二十巻第十一問。第二十巻は野菜などに関する問題の巻。他にも、「なぜ食べられる植物とそうでない植物があるのか」（第六問）、「なぜタマネギだけがひどく涙を流させるのか」（第二十二問）といった考察が載せられている。

※8　『問題集』第六巻第一問、第八問。第六巻は姿勢に関する巻。他にも、「なぜ腰を下ろす時より立ち上がる時のほうがめまいが起きやすいのか」（第四問）、「なぜ右側を下にして横になる人は眠りやすいのか」（第五問、第七問）といった考察が載せられている。

・十月十三日

店にノブという客が現れた。

彼は店に来て、〝テレビ〟――離れた場所の光景を音声付きで映し出す機械。仕組みについては別の機会に探究を要するであろう――に映し出された狩屋金太郎《かりやきんたろう》なる政治家の弁明について興味を持っていたようであった。そこで、私が弁論術における中傷の解消方法を説くと、大将に中断されるまで、彼は極めて興味深く聞いていたようであった。

彼はよい談論相手となりそうである。

・十月十四日

この日の午前中、私は、この国の〝ビルディング〟なる驚くべき高さの建築物に興味をひかれたため、〝電車〟――機械仕掛けの移動式の箱――に乗って新宿を訪れた。私が〝都庁〟なる建物を観察しているとそこに突如〝私を追う者たち〟が現れた。ただし、彼らは足が遅く、知能も低劣で逃げ切ることは造作もないことであった。

重要なのは、逃げた先で偶然にもノブと出会ったことである。

ノブは自分の嫌悪する星崎輝夫《ほしざきてるお》なる人間に対する称賛演説を任され悩んでいた。そこで私とノブは、弁論の三種類、説得の三要素、人を称賛する際の眼目《がんもく》となる〝行為の美しさ〟について語り合った。

その後、再び〝私を追う者たち〟が現れたために談論は中断されたのであったが。

私の観察したところ、ノブには一見して皮肉っぽい雰囲気があるが、その実、付き合ってみれば堅苦しいところもなく、探究心も旺盛で、会って楽しい男だということができるだろう。端的に言えば、ある種の徳のある人間ということである。

夕方からは店において労働を行った。

・十月十五日

店に出て労働を行った。料理術というものも慣れてくると、なかなか面白みのあるものである。一定程度、考察する価値があるかもしれない。

また酒に酔う人を多く観察できることも、この労働の楽しみであろう。

なぜ生《き》のままの酒を飲む人よりも、水で割った酒を飲む人のほうが悪酔いするのだろうか。水を混ぜた酒は滑《なめ》らかになって体の中の狭い場所にいっそう多く入り込むために排出されにくいが、生のままの酒にはそういうことがないからであろうか。あるいは、生のままの酒は自然と飲む量が少なくなり、一方で嘔吐《おうと》する量が多くなるからであろうか。あるいは生のままの酒は水を混ぜた酒より熱いので、自身を消化してしまうのであろうか。※9

・十月十六日

この日は休暇であった。

書店にて、哲学の歴史を記した書物などを購入した。

後世において、私の哲学は師プラトンの哲学とともに大きな二つの流れをなしたと書かれていた。また私の後も様々な哲学者が哲学を行ってきたようであり、書物に記された大まかな説明によれば、それぞれに興味深い内容を含んでいるようである。いずれこれらの定評ある作品をできる限り読み、検討してみたいものである。

夜にノブが訪ねてきた。

なんとなく来る予感はしていたのだが、これは霊感であろうか、論理的な推論であろうか、まったくの偶然であろうか。

私とノブは、想到法と例示、言葉の選び方などについて語り合った。むろん私の弁論術の内容は今まで語り合ってきたようなものだけではないが、実践において十分であろうと判断されるだけの内容は伝えたつもりであった。

あとは、我が友ノブの称賛演説が成功することを祈るのみである。

恐怖する者の陰部が縮こまるのはなぜか？

・十月十七日

この日の午前中、弁論術の必要を感じているのではないかと思い、稚拙《ちせつ》な弁明を行った狩屋金太郎の〝事務所〟なる施設を訪ねた。

金太郎は不在であり、その部下の雲助《くもすけ》なる人物と面会することになった。

私と雲助ははじめ弁論術について語り合った。彼は私の〝腐ったオリーブの実〟のジョーク※10を聞いて非常に愉快そうにしていたが、彼の興味を強く引いたのは私の政治術についての説であった。

とくに政治術は幸福を作り出す術であるという私の考え方は、彼に感銘をもたらしたようであった。

※9　『問題集』第三巻第三問。第三巻は飲酒にまつわる問題を扱う。他にも、「なぜ極度の酩酊《めいてい》状態にある人にはすべてが旋回運動をしているように見えるのか」（第九問、第二十問）、「なぜ酩酊している人は普段より涙もろくなるのか」（第二十四問）といった考察が載せられている。

※10　アリストテレスがこのようなジョークを考案したという記録はない。

雲助は金太郎をきわめて尊敬している様子でもあった。

夕方、店に出てみると大将が前日に二人の人物が私を訪ねてきたことを語った。一人はおそらくノブであろう。もう一人は、大将の話から推測するに〝私を追う者〟であったようだ。大将は、彼らに私のことを尋《たず》ねられて、知らないと答えたそうだ。

この日は以下のような思索を行った。

なぜ腹の周囲には脂肪が多いのだろうか。あるいはそれは、その部分が栄養を摂取する部分に近いからであろうか。身体の他の部位が腹から栄養を摂取する分だけ、しばしば腹そのものが栄養を摂取するのであろうか。あるいは、腹には関節がないために激しい運動を行うことがないからであろうか。※11

・**十月十八日から二十二日**

この時期、特筆すべき出来事もなく、私は思索をし、店で働いた。〝私を追う者たち〟も現れなかった。大将の虚言が功を奏したのであろうか。

店のテレビでは、様々な人物による金太郎への非難演説が、頻繁に映し出されていた。金太郎を支える雲助も疲労困憊《こんぱい》の状況なのであろうか。

翻《ひるがえ》って、私の身体は一日中の労働でも、一切の疲労や空腹を覚えない。これは、いったいどういうことなのであろうか。あるいは、現在の私の身体はある原因によって、天の星のように生成・不滅がなく場所的移動だけをもつような質料によって構成されているのであろうか。※12 だとすれば、その原因とは何であろうか。

他には以下のようなことも思索した。

なぜすべての人間は十まで数えるのであろうか。

十が、偶数と奇数、素数と合成数などあらゆる数を含んでいるからであろうか。あるいは、一と二と三と四を足すと十になるように数の原理だからであろうか、ピュタゴラス派の言うように宇宙がこの数からできているからであろうか、あるいは宇宙の火を中心に回る天体の

※11　『問題集』第五巻第五問、第十四問。第五巻は、運動と疲労にまつわる問題を扱っている。他には、「オリーブ油を水と合わせてマッサージすると、疲れがとれるのはなぜか」（第六問）、「なぜ行き先までの距離が分かっている時より、分かっていない時のほうが遠く感じるのか」（第二十五問、第三十巻第四問）などの考察がある。

※12　『形而上学』第十二巻第二章。詳しくは次章で。

数が、地球、月、太陽、水星、金星、火星、木星、土星、恒星天球、対地星と十あるからであろうか、それとも人間の指が十本だからであろうか。※13

・十月二十三日

昼過ぎ、電車に乗って銀保町《ぎんぼうちょう》の書店を訪ねた帰り——とくに買うことはなかったが——、目についた喫茶店に入ると、典英《のりえい》なる男と出会った。

典英は作家であり、悲劇の制作に悩む人物であった。

典英は、何かにとりつかれたような独特の話し方をする男で、その意味では詩人に向いているのかもしれない。詩人に必要なのは、感情に入り込む才能だからだ。

私と典英は、芸術とはミーメーシスすなわち再現であり、そのためには技術が必要であることを語り合った。

その後、書店にて、この国においての典型だと思われる悲劇作品を数冊購入した。参考とするためである。

夕方からは店で働いた。

大将が〝正社員〟になるかどうか訊《き》いてきた。正社員とは店における正式な構成員のことである。せっかくの好意ではあるが断った。私の行く末には、不確定な面があまりに多い。

引き受けても、職責を全《まっと》うできるかは分からないのである。

・十月二十四日

昼、私が外をゆったりと思索しながら歩いていると、いつの間にか元八幡《もとはちまん》まで来ていた。私の住む堀船《ほりふね》から元八幡までは、この国の単位で十キロ以上ある。無論、疲労はない。目についた喫茶店に入ると典英がいた。

このようなことが多くの頻度で起こるのは、いったいなぜなのだろうか。原因のあることであろうか、偶然であろうか。

典英もまた不思議に思って私に尋ねた。私はとっさに、本気で何かを知りたいと考えれば私に出会う、という仮説を答えた。思い付きでありながら、何かこの説には一定の正しさがあるという感じがする。以後、考察を深める必要があるであろう。

私と典英は、悲劇は物語の筋が因果関係によって統一されていなければならないこと、描かれるのは中間の人々であること、登場人物の性格を描く上での注意点を語り合った。

※13　『問題集』第十五巻第三問。第十五巻は数学的な問題を扱う。他には、「なぜ対角線は対角線と呼ばれるのか」（第一問、第二問）、「なぜ太陽の作る影は昇る時と沈む時には長く、正午には最も短くなるのか」（第五問、第九問）などの考察がある。

夕方からは、店で賃金労働を行った。

・十月二十五日

この日は休暇であった。日中は様々な場所を歩きながら、思索を行った。その内容の一部を記す。

恐怖する者は、なぜ陰部が縮こまるのであろうか。その反対の現象のほうが起こりそうなものであるが。あるいは、恐怖している者は凍えている者と同じような状態にあり、体表部から熱いものが去るために、陰部も縮こまるのであろうか。[※14]

なぜ冷たくなった小麦パンは、濡《ぬ》らしてから互いに密着させてもくっつかないのに、温かいパンはくっつくのだろうか。あるいはそれは、冷たいパンは、自分の中に含まれていた粘り気のある水分を蒸気とともに放出しきってしまっているからであろうか[※15]

私が歩いていると、〝私を追う者たち〟とも出会ったが、軽く走っただけで振り切ることができた。彼らには本性的に私を捕獲する能力がないようだ。

午後になると、家に雲助が訪ねてきた。

子細に観察してみると、やはり雲助の表情や声の調子などは疲労した人間のそれであることが窺《うかが》われる。

私と雲助は、政治をつかさどる者は状況が理想的でなくとも現実に対応せねばならぬこと、私の考える国制の三種類、そして、政治で大切なのは富において〝中間の人々〟に向けて政治を行うことであるという説などについて語り合った。

人間が死ぬのはなぜか？

・十月二十六、二十七日

この二日間は特別な出来事もなく、店において賃金労働を行った。

テレビでは、いつの間にか金太郎とは別の逆原止男《さかはらとめお》という政治家の〝談合〟なるものにま

※14　『問題集』第二十七巻第十一問。第二十七巻は恐怖と勇気に関する問題を扱っている。他には、「なぜ恐怖している人は震えるのか」（第一問、第六問など）、「なぜ勇猛な者はたいてい酒好きなのか」（第四問）などの考察がある。

※15　『問題集』第二十一巻第六問。第二十一巻では小麦や大麦などに関する問題が扱われている。他には、「なぜ小麦のパンは熱い時より冷たい時のほうが白く見えるのか」（第四問）、「なぜ小麦パンはあぶると固くなるのに、温めるとある程度までは湿り気を増すのか」（第二十五問）などの問題が載せられている。

つわる汚職について映し出すようになっていた。この止男は金太郎の親しかった年上の友人にあたる人物らしい。

なぜキャベツには二日酔いを止める効果があるのだろうか。あるいはそれは、甘くて洗浄力のある汁が含まれているだけでなく、それ自体が冷たいからであろうか。酒は湿っていて熱い性質を持っているが、キャベツの汁が未消化の湿りを腸まで引き下ろして排泄《はいせつ》を促し、キャベツそのものは胃の上部に残って体を冷やすのであろうか。

また二日酔いは、体内の気息が酒によって頭に運ばれるために起こるが、キャベツによって湿りが下方に引き下ろされると、気息もまた下方へ移動するために二日酔いが解消されるのであろうか。※16

・十月二十八日

この日は休暇であった。

私は自分の奇妙な境遇について思索していた。考えるべき課題は三つあった。

一つは、私の身体について。私の身体は、疲労せず、空腹を覚えず、睡眠を必要としないものになっている。これはなぜであろうか。身体中が何も消滅しない状態に置かれているということであろうか。

次に私の霊魂について。私の身体の状態とは裏腹に、私の思考は、星のような最高の知性的状態にあるわけではない。私のままのものとして保たれている。これはつまり、私の霊魂が以前の状態を保っていることを示す事実である、と考えていいだろう。これは、なんらかのきっかけで私が死後に蘇《よみがえ》ったということを指すのであろうか。

最後に私が日々経験する出来事について。とりわけ奇妙なのは、私が私の哲学を必要とする人物たちに会う、ということだ。私がなにも意志せずとも、私の行き先には必ず私の哲学を必要とする人物たちがいる。なぜなのであろうか。

しかし、これらの問いについて確たる結論を出すことはできなかった。

午後、雲助が訪ねてきた。

雲助は政治における〝正しさ〟について探究したがっていた。そこで私は、法は知性の結晶でありそれを破るのは不正であること、政治において正しさとは平等のことであるということについて語ることにした。

※16　『問題集』第三巻第十七問。第三巻については本章の注9参照。

・十月二十九日

他人の手を経た書籍を売る店にて、私の著作集の中の一冊である『問題集』を見つけた。私はこれまで自分の著作集を読む気が起きなかった。自分の哲学を改めて自分で読むことに馬鹿馬鹿しさを感じたのだろうか。いや、そうではない。何か不吉な気がしたのだ。私は『問題集』を読んでみることにした。

午後になって店で賃金労働をした。

店に向かう最中に再び〝私を追う者たち〟に出会った。とはいっても、私が彼らを見かけただけで、向こうはまるで見当違いの方向を見ており、結局私を見つけることはできなかったようだ。

・十月三十日

朝、雲助が訪ねてきた。

どこかで私が追われているという話を聞きこんだらしく、心配で来てくれたようだ。私はその友情に感謝しつつも、心配はいらない旨を話した。実際、〝私を追う者たち〟は著しく無能であり、まるで恐れを感じさせるにはいたらない者たちであった。

実際、彼らが私を捕まえることができないのは、運命づけられたことだという感じすらしている。

午後、店に向かう前に書店に寄り、私の著作集の中の『ニコマコス倫理学』、『弁論術』、『詩学』、『政治学』、『形而上学』を購入した。

雲助は私に、私だったらいかに国を治めるのか、と問うてきた。そこで私は、かねて案出してきた国制の安定のための施策を説いた。そして、最後に政治をつかさどる者に求められる三つの条件について伝えた。

・十月三十一日

朝、私が外をゆったりと思索しながら歩いていると、いつの間にか元八幡におり、目の前には扉があった。私が目の前の仕掛けを押すと鈴のような音が鳴り、しばらくすると典英が出てきた。

典英は悲劇の仕掛けについて悩んでいた。そこで私は悲劇に必要な三つの仕掛け、すなわち、事態の逆転、真相の認知、そして苦難について語り合った。

この日思索した内容は以下のような事柄である。

〝より先〟と〝より後〟とはどのような意味であろうか。

あるいはそれは、より以前の時代を生きた人々は、つねに私たち〝より先〟に生きたことになるということだろうか。しかし、天や星の運行が何らかの円であるのと同じように、生成と消滅が円であるならば、滅びに近いわれわれのほうが昔の人々〝より先〟にいると考えても不都合はないはずだ。人間の諸事は円環をなすという。

また人間が死んでしまうのは、始めと終わりを結びつけることができないからだとアルクマイオンという哲学者は言っていたそうだ。※17

付言：この思索もまた円環をなしている。

※17 『問題集』第十七巻第三問。第十七巻は三つしか問題が載せられていない章でテーマもバラバラ。他の二つは、「なぜ均整のとれていない人は他の人と並べてみると、彼らだけを見ている時よりも大きく見えるのか」（第一問）、「なぜ動物や植物は長さの方向にとりわけ成長するのか」（第二問）。

超高速！

『問題集』の内容とは？

『問題集』はアリストテレスによって書かれたものではないが、間違って（？）『アリストテレス全集』に入ってしまった著作。実際には、アリストテレスの学派（ペリパトス派・逍《しょう》遥《よう》学派とも）に属する人物たちによって書かれたとされる。

ただし、一部はアリストテレス自身が書き、他の部分に対して彼が指示を残したともいう（新版アリストテレス全集『問題集』の解説ページ参照）。

内容は、自然現象、医学、人間の心理、数学、音楽など多岐にわたる分野での様々な問題と、それに対する仮の解答が与えられている。

全三十八巻。約九百の問題が挙げられている。

内容の要約はしようがないので、ここではやらない。

第 六 章

まったくいったいなんなんだ！

『形而上学』

蘇りし古代哲学者の影

黒い背広を着たその男は名刺を差し出した。

「鯉川《こいかわ》です」

名刺に書かれた会社名。

「この全国創業経営センターというのは？」

「まあ、コンサルタント会社です。主に学校経営なんかのコンサルタント業務をしておりまして」

「なるほど。で、ご依頼というのは？」

「捕まえていただきたい人間がいまして」

「それは警察か探偵の仕事ですよ」

私が言うと、鯉川は頭を掻《か》いた。

「いや、あのですね。正確に言うと人間なのか、何なのか分からんのですよ」

「と、言いますと」

「あのう。アリストテレスってご存知ですか？」

「古代ギリシャの哲学者ですね」

「そうです。それが蘇《よみがえ》って歩き回ってるんです。バカな話だとお思いでしょうが」

「バカな話かどうかはおいておくとして、なぜそんなものを捕まえたいんですか？」

「それはちょっと言えんのです。ただ、われわれだけで捕まえようとしたのですが、どうもうまくいきません。走っても追いつけませんし、居場所を突き止めてそこに行っても決まってもういないのです」

「なるほど」

「しかも、最近になって、とうとうまったく消息を絶ってしまったのです。これがどういうことなのか分かりませんが、少なくとも蘇った古代哲学者なんて心霊現象でしょう？　だからこそ、孔雀原《くじゃくばら》先生にお願いしようと参った次第で」

依頼。引き受けることにした。とりあえず、誰がいつどこでアリストテレスを見たのかなど、鯉川たちが把握している限りの情報を聞いた。

まずはアリストテレスが本当に蘇ったのか、蘇ったとすればどのような意味で蘇ったのかを確定する必要があるだろう。私は確認出来る限り、最も早い時期に彼に会ったという大学教授を訪ねることにした。

教授室。薄暗かった。

「私の生徒の中に警察官になったやつがいてね。そいつが連絡をよこしたんだよ。先生、ちょっと話してもらいたい人間がいるんですが、警察に来てもらえませんかねってね」

アリストテレスの研究者だという初川《はつかわ》は、人のよさそうな男だった。とりあえず、聞けるだけのことは聞いておかなければいけない。

「だから、そいつの勤めてる警察署に行ったんだ。すると、そいつは私に会うなり、自分のことをアリストテレスだって言い張る男がいるんで、本当か確かめてもらえませんか、なんて言い出したんだ」

「それは、ずいぶんと」

私が言うと、初川が制した。

「私だって怒ったんだよ、孔雀原さん。何を馬鹿なことをって。だが、あんまり熱心に言うし、周りの様子からも冗談だとは思えなかった。それで、仕方なしに取調室に入った」

「そんな場所にいきなり民間人が入ったらまずいでしょう」

「だから、内密にってことでね。まあ、こうして話しちまってるんだが」

初川は軽く笑った。

「で、取調室にいたのは、外国人だった。しかも、ヒマティオンを羽織っててね」

「ヒマティオンと言うと」

「古代ギリシャ人の上着さ。絵なんかで昔のギリシャ人は布の服を体に巻き付けてるだろう。あれさ」

「それで、その男の人相みたいなのは」

「それが、痩《や》せてて目が小さくて、髪は短い。ディオゲネス・ラエルティオス※1の伝えるところのアリストテレスの姿そのままだ」

「なるほど」

「おまけに、そいつが私を見たんだが、その目がなんというか、確かに叡智《えいち》を感じさせるような目でね。その瞬間から、私もなにかアリストテレスを目の前にしているような気分になった」

「何を話したんですか」

私がそう訊《き》くと、初川の声は急に深刻な調子を帯びた。

「いや、私も馬鹿みたいだとは思うんだ。だけど、あれはアリストテレスだったよ。たとえ彼の話す言葉が日本語だったとしてもね」

「と言いますと」

「一本吸っていいかね」

初川は上着のポケットから煙草《タバコ》を取り出して火をつけ、一服した。

「アリストテレスの書いたものは読んだことがあるかい」

「ええ。全集にあるようなものなら、一通りは」

※1　三世紀前半頃に活躍したとされる歴史家。『ギリシャ哲学者列伝』という著作が残っており、その中にアリストテレスの伝記も入っている。

「へえ。最近の霊能者っていうのは勉強してるんだな」

「恐縮です」

「それで、私は彼の著作の内容についていくつか質問してみたんだ。だって、本物かどうか確かめるのには、それしか方法がないだろう？　仮にアリストテレス本人だけが知る、資料にない事実を語られたって、こちらには本当かどうか判断する材料がないからね」

「たしかに。で、どうだったんですか」

「感心した。というか、感動したな。全集に収録されたすべての作品の内容を深く理解していた。それどころか、どこを訊いても暗唱できたんだ。断片的にしか伝わっていない作品についてもね」

初川の煙草をはさんだ指が震えていた。

「いや、それよりもあの眼だ。あれは自分の考えを語る者の眼だった。彼はたしかにアリストテレスだったよ」


私は自分の事務所に戻った。夜になっていた。新宿の繁華街にある雑居ビルの一室。孔雀原心霊学研究所、というプレートを入口に掲げてある。

私はキャビネットからバーボンのボトルを取り出すとグラスに注いだ。それを口に含みながら、窓から外の景色を眺める。見慣れたネオンと行きかう人々の喧騒《けんそう》。

今日分かったことは、蘇ったアリストテレスは、どうやらある種の物理的な肉体をもって活動をしているらしいということだった。霊魂それ自体が警察に捕まり、尋問《じんもん》されるなどありえない。ただし、アリストテレス本人の肉体で蘇ったということはないだろう。二千数百年前の肉体など、とうに朽ち果てて、いまさらどこにもないはずだ。ならば、今の肉体はなんなのか。

グラスのバーボンを一息に飲む。もう一杯注いだ。

それにしても、私がアリストテレスを追うことになるとは奇遇というほかなかった。アリストテレスの哲学こそ、私の心霊学理論の柱となったものだからだ。

存在とは「形相」と「質料」が結びついたもの

次の日、不死鳥《ふしちょう》出版社の来島《くるしま》がライターの岩橋《いわはし》を伴って、私の事務所を訪ねてきた。来島は、私が今度出す本の担当編集者だった。岩橋が私をインタビューし、その内容をまとめて、一冊の本にするという話だ。なんでも、私自身が書くと、文体や語彙《ごい》が堅苦しくて読みにくいらしい。テーマは私が現在研究している〝蘇りの新理論〟についてだった。

「先生、今回のインタビューから本論ということでよろしいですか」

正面に座った来島が言う。岩橋が隣でレコーダーのスイッチを入れた。

私がうなずくと、岩橋から早速質問が始まった。

「では、まず先生の新しい蘇りの理論の基本のようなものについてお話しいただけると」

「私は物体が存在する原因について、アリストテレスの考え方を採用しています」

アリストテレスの名前を聞いた来島に明らかに反応があったが、口に出して何か言うことはなかった。

岩橋が言う。

「と言いますと？」

「アリストテレスは『形而上学《けいじじょう》』という作品の中で、物体が存在するのには四つの原因があると言っています。※2 それが、

1 形相《けいそう》
2 質料
3 始動因
4 目的因

です。これは俗に存在の四原因などと言われます」

「初めて聞きました」

岩橋がメモをとりながら言った。

「先に始動因と目的因について説明してしまいましょう。たとえば、ここにグラスがありま

すね」

　私は昨日バーボンを飲んだグラスを取り上げた。

「これがなぜ存在するか。まず作った人がいるからでしょう。このように外から働きかけて存在するきっかけを作るもの、それをその物体の始動因と言います。同様に家にとっての大工、子供にとっての親、大きなことを言えば、この世にとっての神なんかは、存在の原因となる始動因なわけです」

「なるほど」

「次に目的因について言えば、存在には目的がある。たとえば、グラスなら飲むため、家なら住むため、人間なら善く生きるために生まれてくる。これを存在の目的因と言います」

「なら、この世の目的因はなんですか。この世は何のために存在しているんですか」

　岩橋が尋《たず》ねてきた。なかなか悪くない質問だ。

「簡単に答えるには難しい質問ですが、アリストテレスは、すべての物体の目的因はとどのつまりは〝善〟であると考えていたようです。※3　つまり、コップならコップの善さ、家なら

※2　存在の四原因についての考察は『形而上学』第一巻第三章、『自然学』第二巻第三章などにある。また、『形而上学』第三巻第二章では、「家」を例に、建築家や技術が始動因、家としての機能が目的因、材料となる土や石が質料、家のなんであるか（設計）が形相であるという説明の仕方をしている。
※3　〈善は物事の生成や運動のすべてが目ざすところの終り〉（『形而上学』第一巻第三章）

ば家の善さ、人間なら人間の善さを実現するために生まれ、そして消えていく。ならば、私が想像するに、この世界自体も世界の善さを目的として生まれ、消えていくものだとアリストテレスは考えていたのではないでしょうか」

「なるほど」

再び岩橋がメモを取りながら言った。来島のほうを見ると、うなずいているが、どこか上《うわ》の空のような様子だ。

「そして、存在の四原因のうち、とくに重要なのが1の形相と2の質料です。このグラスで言えば、デザインが形相、材料であるガラスが質料。つまり、デザインという形相がガラスという質料に宿って、はじめてこのグラスは存在しているわけです。この形相も質料も、それ単独では現実の中の実体として存在することはできない」

「でも、ガラスはデザインされなくても存在できるでしょう？　ならばガラスという質料は、形相なしで存在できるのでは？」

「その場合でもガラスはなんらかの形を必ずとっているはずです。つまり、その形が形相となって宿っているわけです」

「なるほど」

「ここで考えなくてはいけないのが、人間の形相と質料とはなにか、という問題です」

岩橋が考えるような仕草を見せた。

「そうですね。先ほどの先生の説明からすれば、質料は肉みたいなもので、形相は人間の姿形ということになりますか」

「もちろん、それも人間の形相の一つではあるでしょう。しかし、それだけでは生きている人間と人間の死体が、どちらも同じものになってしまう。どちらも肉という質料が人間の形をとっている点で変わりないわけですから」

「では人間の形相とは？」

「アリストテレスは、それをなによりも霊魂であると考えたようです。つまり、**肉体という質料に、人間特有の理性的な霊魂という形相が宿ったものこそ人間である**、と。そして、私はこの考え方に賛成なのです」

「なるほど。アリストテレスは心霊学の元祖なのですね」

「いいえ。その反対でしょう。むしろ、彼があれほど熱心にプラトンのイデア説[※4]を否定しているところからみれば、霊魂が肉体を離れても、なおどこかに実在するという考え方を素朴に信じていたとは思えない。彼の作品を読んでみるに、霊魂が肉体を離れて、なお存在できない。

※4　アリストテレスの師であるプラトンは、現実の彼方に「人間そのもの」「正義そのもの」「善そのもの」といった万物の存在の基準となるような永遠不滅のイデアがあり、現実の事物はその像にすぎないと考えた。この、万物の本質は現実世界とは別の場所に離れてあるという考え方について、アリストテレスは『形而上学』の中で徹底的に攻撃した。

るのかという問題については、迷いながらも結局結論を出していないといえるでしょう※5」

「では、先生ご自身のお考えでは？」

「私は心霊学者です。霊魂が不死であると信じています。ただし、巷《ちまた》にあふれる幽霊の目撃談や心霊写真などの類については懐疑的です。霊魂を感じるというのは、あんなに素朴な感覚的現象ではないはずです。ほとんどのケースが見間違えか幻覚であると私は考えています」

「では、先生が考える死者の蘇りとはどのようなものなのでしょうか？」

「もし死んだ人間が私たちの目の前に現れたとしたら、それは一度死んだ霊魂が再び何らかの質料に宿った場合であろう、と私は考えます。これは、私の〝蘇りの新理論〟の根幹となる説です。その意味で、私は幽霊の目撃談よりは、死者の魂を自分の体に降ろすシャーマニズム的現象や悪魔憑《つ》きや狐憑きといった現象に興味があります」

その後も私は、〝蘇りの新理論〟の基本となるいくつかの考え方や知識について話し、その日のインタビューは終わった。

この世のすべては「可能態」から「現実態」へ転化していく

インタビュー後、来島は岩橋を先に帰してから、私に話しかけてきた。

「あの。孔雀原先生、ちょっと妙な話をしてよろしいですか」

「なんだい、妙な話っていうのは？」

私は煙草に火をつけた。

「今日、アリストテレスの話をしてらしたじゃないですか？」

「ああ」

「僕、会いましたよ。多分」

煙草の火を灰皿に押し当てると、来島をソファーに座らせた。応接用のテーブルをはさんで私も座った。

「それはどういうことだい？」

「言葉通りの意味です。たまたま、パーティーで嫌いなやつをたたえる挨拶《あいさつ》をしなければいけなくなって悩んでたんですが、そんな時に彼に出会って弁論術を教えてもらいました」

「なるほど、それはどういう内容だったのかな？」

私が尋ねると、来島はアリストテレスから教わった弁論術について語った。たしかに、それは『弁論術』の内容そのままだった。

説明を終えると、来島は首をひねった。

※**5**　アリストテレスは『形而上学』第十二巻第三章の中で「(形相の)或るものにおいては、それの恒存するを妨げるなにものもない(中略)たとえば、霊魂がそのようなものではあるまいか、ただし、あらゆる霊魂がではなくて理性［としての霊魂が］」と言って、霊魂の不滅性については、その可能性を指摘するにとどめている。

「これってどういう現象なんでしょう？　あのアリストテレスが蘇ったってことなんでしょうか」

　私は、それを聞いて来島に自分が今抱えている仕事について話すことにした。来島はかなり驚いているようだった。

「僕もその全国創業経営センターの鯉川ってヤツから名刺を渡されましたよ」

「そうか」

「ただ、僕個人としてはアリストテレスを捕まえてほしくない気がしてます。捕まえようとしてるのが、なんか胡散臭《うさんくさ》いヤツらですし。だいたい、なんで経営コンサルタントがそんな仕事してるんです？」

「それは訊いても答えてもらえなかった。しかし、私としてはこれだけは約束できる。私も心霊学者として、死者のためにならないことはしない」

「ありがとうございます」

「ただ、心霊学的に見ても、死者が身体をもって蘇るというのは極めて例外的な現象なんだ。彼自身にどんな災難があるかも分からない。ならば、私は彼に会って力になりたいんだ。そのためにもできるだけ詳しい情報が欲しい」

「そうですか。なら、僕の経験したことを話しておきます」

　来島は飲みに行った居酒屋で、たまたまそこで働くアリストテレスに会ったのだという。

その後、二度出会い、そのうち一度はアリストテレスの住まいでも会ったらしい。

「じゃあ、そこに行けば会えるってわけか」

「いいえ。もうもぬけの殻なんです。僕も弁論術がすごく役に立ったんで礼を言いに行ったんですが、いなくて。バイトもやめたらしいです」

「そうか」

「それと、僕には気になってることがあるんです」

「というと」

「孔雀原先生は、〝スタゲイラの怪〟という話を知っていますか」

「いや」

「今年、ギリシャのスタゲイラって場所でアリストテレスの墓らしきものが見つかったんです。それで、先月、日本の調査団も現地に入ったんですが、妙なことが起こって調査が中止になったそうなんですよ」

「妙なこと？」

「なんか同行した学生が『本が人になった』って言って失神したのを皮切りに、調査団の人間が一人一人おかしくなっていったらしいんです。それで」

「調査が中止になったわけか」

「はい。これって今回のアリストテレスの蘇りと関係あるんでしょうか？」

「それだけでは、何とも言えないな」

「この話、雑誌の記事で知ったんですが、ちょうど書いたのが知り合いのライターなんです。一緒に話を聞きに行きますか」

「ああ。頼むよ」

来島が帰ると、コーヒーを淹《い》れ、再び煙草に火をつけた。

窓の外。いつもと変わらない夜だった。ただ何かが動き出している。そんな気がした。


次の日の昼過ぎ、私は駐車場に駐《と》めてあるマセラティに乗り込んだ。銀保町《ぎんぼうちょう》で来島を拾って、世田谷にあるというライターの家に向かう予定だ。

エンジンをかけ、ギアを入れる。

街並みが後方に飛んでいく。飛ぶスピードはアクセルを踏めば速まり、緩めれば遅くなった。

来島との待ち合わせの場所にはすぐに着いた。早く来すぎたらしい。

私は自然とアリストテレスの蘇りについて考えた。

アリストテレスによれば、この世にある物体はすべて、〝～でありうる〟という**可能態**から〝～である〟という**現実態**へ〝**転化**〟していく存在だ。

買ったばかりの肉は新鮮だが、同時に〝腐りうる〟という可能態をはらむ。そして、時間とともに〝腐っている〟という現実態に転化するのだ。その意味で、人間も〝死にうる〟可能態が〝死ぬ〟という現実態に転化していく存在だと言える。※6

アリストテレスによれば、物体の転化には四つの種類があるという。すなわち、

1　実体における転化

これは生まれて滅んでいくという転化のことだ。

2　性質における転化

白くなったり熱くなったりと性質が変わること。

3　量における転化

増大と減少。

4　場所における転化

移動のことだ。

そして、こうした物体の転化のためには質料がなければならない。※7

だとすれば、アリストテレスの霊魂が、形相としてなんらかの質料に宿ったことは間違いないだろう。

蘇ったアリストテレスは、皿を洗い、料理をし、走っている。これは、少なくとも4の場

※6　現実態と可能態については、『形而上学』第九巻第六章から第九章、第十二巻第五章などに。
※7　転化の四種類と質料の関係については、『形而上学』第十二巻第二章に。

所における転化を行っていることになるからだ。

では、蘇ったアリストテレスはどんな質料に宿ったのか。一般的にわれわれが知っているような質料なのか。それとも想像を超えた何らかの質料なのか。

私がそこまで考えた時、来島が来た。


「すみませんね。わざわざ」

運転をする私の隣で来島が言った。

「いいさ。ちょうどこいつも走りたがってたところさ」

「すごい車ですね」

来島は車内のあちこちを見まわしている。

「そういえば、孔雀原先生。昔、ウチの社長を助けたって聞いたんですけど、どういう話なんですか？」

「社長はなんて言ってる？」

「いや、話してもどうせ信じないとか言って話してくれないんです」

「そうか。なら私の口からも言えないな。どっちにしろ、過ぎたことさ」

たしかにあれは、信じがたいほどの心霊的戦闘だったが、過去は過去だ。振り返っても意味はない。友情が残ったということだけでいい。

五船《ごふね》は、フリーで雑誌に記事を書いているライターだった。歳《とし》は三十かそこらか。来島と同じくらいだろう。

「で、来島。なんだよ、聞きたい話って」

アパートの一室。金属製のラックが部屋中にあり、紙束やら本やらが無造作に積まれていた。私と来島は対面で置かれたくたびれたソファーに座らされた。

「電話で言っただろ。スタゲイラの話だよ」

「ああ、そうだったな。いや、正直オレもよくは分からないんだ」

「なんだ。分からないって。分からないことを記事に書いたのかよ」

「まあ待てよ。なんか飲むか」

五船は立ち上がって、奥にある冷蔵庫を開けた。私たちの前にグラスを置き、ペットボトルのウーロン茶を注いだ。

「オレはスタゲイラに行った調査団の人間にはだいたいインタビューしたんだが、どうもねえ。みんな黙っちまって何も言いたがらないんだよ。唯一、現地でガイドやったっていう日本在住のギリシャ人だけが、その時の様子を話してくれてね。その内容が記事に書いた話さ」

私は記事の中で気になった部分について尋ねることにした。

「記事によると、調査団のメンバーは『謎《なぞ》が解けた』とか『すべてが分かった』とか言っていたらしいですが、他にはなんか言っていたんですか？」

「ああ、ちょっと待って」

そう言うと五船はメモを持ち出してめくりはじめた。

「そうだな。あ、『アリストテレスに会った』っていうのもあるよ。こりゃ、傑作だな」

思わず私は来島と顔を見合わせた。

「アリストテレスに会ったんですかね」

私が尋ねると、五船は笑った。

「さあ。ガイドがそう聞いたってだけで、本人たちは何も話さないですからねえ。それに、孔雀原さんの前だけど、オレはその手の話は信じないんだよ」

「じゃあ、もう一つ。学生が『本が人になった』って言ったらしいですけど」

「まあ、それもガイドが聞いた話でね。本人は何も話したがらないんだよな。なんなら、自分たちで聞いてみる？　連絡先と入院先の病院、教えるから」

星は、永遠の運動の中で思索を続ける

数日後、私と来島は学生が入院しているという病院を訪ねた。

学生の名は、愛倉太《あいくらふとし》。

スタゲイラに調査に入った大学の一つに通う大学院生だ。身分を明かして連絡を取ると、案外とあっけなく会えることになった。

私たちが受付で名前を言うと、愛倉はロビーまで降りてきた。パジャマのような姿だった。

「すみません。入院中なのに」

私が言うと、愛倉は顔の前で手を振った。

「いいんですよ。そろそろ誰かに話したかったんです。ただ、前来た五船って人はこっちを馬鹿にしたような感じだったから、話したくなかっただけで」

来島がひそかに苦笑したのが見えた。私たちはロビーの片隅に区切られた談話室のようなスペースに移動した。

「お加減はよろしいんですか」

そう訊くと、愛倉は笑って答えた。

「いや。全然大丈夫なんですよ、身体は。ただそれまで結構無茶して寝ないで研究ばっかりしていて、今回のことが起こったもんだから、両親は僕がおかしくなったんじゃないかって心配してるんです」

「そうですか。ちなみに専攻は？」

「キリスト教哲学です」

「トマス・アクィナスとかのあれですか。[※8]それでアリストテレスの調査にも同行したと」

「ええ。それに僕の指導教授もメインテーマがアリストテレスなもんですから」

「なるほど。それで、単刀直入になりますが、スタゲイラでは何があったんです？」

「いや。こういう言い方はなんですが、孔雀原さんの喜びそうな話ですよ。あ、僕、孔雀原さんのファンなんですよ。本なんか読ませていただきましたが、あなたはインチキじゃないと思う」

「光栄です」

私が礼を言うと、愛倉は本題に入った。

「あれはスタゲイラに到着して、本格的な調査を始める前日の夜のことだったんですが、アリストテレスの墓とされる遺構に忍び込んだんです。本当は当日まで立ち入り禁止だったんですが、この話があった時からやってみたかったことがあって」

「と言うと」

「もちろん遺構に傷がつくようなことはしません。ただ、アリストテレスの墓の前でアリストテレス全集を読んでみたかったんです。なんか、墓の前で読んだら、普段と違う気づきがあるかもしれないじゃないですか」

ずいぶんと変わった若者だ。私は続きを促した。

「あの日本語版の全集は、高校の時からの愛読書なんです。もちろん、大きな本で二十冊くらいありますから、持ち歩けません。だから思い切って自分で全部スキャンして電子書籍にして、タブレットに入れてそれを持ち込みました」

そこで愛倉はしばらく黙った。

「読んでいたんです。『形而上学』を、手近なブロックに腰かけて。タブレットは便利ですね。光るから周りが暗くても読めるんです。でも、そのうち変なことに気が付いたんです」

「変なこと？」

「タブレットからの光が墓のほうに流れてるんです。しかも、墓のほうからもなにか光が出てきてる。それで手元のタブレットを見ると、勝手にページがめくられて、一行一行文章が消えはじめた」

となりの来島が息をのんでいるのが分かった。

「そんな光景をただ見ていることしかできなかったんですが、そのうちタブレットの光と墓からの光が混じり合いはじめたんです。それがだんだん人の形になって」

ここで愛倉は手を叩《たた》いた。

「そこから、意識がありません」

※8　アリストテレスの哲学はゲルマン民族の流入などでヨーロッパから忘れ去られていくが、十字軍の影響でアラビアから逆輸入され、キリスト教哲学に積極的に取り入れられることに。トマス・アクィナスはキリスト教哲学最大の学者とされる人物。

「記事には『本が人になった』って叫んで倒れたって」

来島が訊くと、愛倉はやや憤然とした。

「違いますよ。僕一人しかいなかったのに誰が見たんですか。翌朝、いなくなった僕を調査団の別の人が見つけたんです。それで宿に運ばれた後、事情を聴かれて、そう答えたんです。本当にそんな気がしたから」

「なるほど」

「それに、あとでタブレットを見たら、アリストテレス全集のデータが全部なくなってたんです。やっぱり本が人になったんですよ、あれは」


その後、私は来島と別れて事務所に帰った。

夜。ソファーに座り、煙草に火をつけた。窓からは街の明かりが入ってきている。

分からないことは増えていく。

アリストテレスはスタゲイラにおいて蘇ったと考えて間違いないだろう。しかし、それがなぜ日本にいるのか。そして、アリストテレスの霊魂が宿った質料とはいったい何なのか。愛倉の話からみて、アリストテレス全集に関わる何かであることは間違いないだろう。しかし、それがどんなものなのか。少なくとも、通常考えられるような質料とは違ったものだろう。

本棚から『形而上学』を抜き出した。これを読んでいる最中に愛倉は奇妙な体験をしたのだ。ページをめくる。ある一節が目に入った。

「永遠なものどものうちでも、生成しはしないが移動としての運動をするものどもは、生成の質料をではないが、しかし、どこからどこへのそれをもっている」※9

　ここにある「永遠なものどものうちでも、生成しはしないが移動としての運動をするものども」とは、天空で一定の軌道を描いて円環運動を続ける星たちのことだ。

　アリストテレスは、星を人間をはるかに超えた知性体だと考えたらしい。星の円運動には、他の物体の運動と違い、はじまりも終わりもない。そんな永遠の運動の中で、ひたすら思索を続ける存在。それがアリストテレスの星だ。

　そしてそんな星を形作る質料について、アリストテレスは、実体における転化（生成と消滅）を抜きにして、場所における転化（運動）だけを可能にするようなものだったのではないか、という仮説を考えていた。

「星か」

　私は窓から夜空を見上げた。点々と星があった。新宿のよどんだ空に浮かぶ星もそのほとんどは、二千年前のギリシャでアリストテレスが見たのと同じものだろう。

※9　『形而上学』第十二巻第二章。

私は煙草の火を灰皿でもみ消した。

「ある」は多様に語られる

次の日の昼、私はマセラティに乗り込んだ。

アリストテレスがアルバイトをしていたという店と、今はもぬけの殻だという家を訪ねてみる。来島によれば、場所は東京の下町・堀船《ほりふね》だという。

店は開いていなかった。ノックをすると、中から男が出てきた。この店の大将らしい。私がアリストテレスについて訊こうとすると、店の中に通された。

「あんたは誰なんだい？」

大将は給水器の水を私の前に置いた。

私は自分の名刺を差し出した。

「へえ。孔雀原心霊学研究所ねえ。なにやってるの？」

「霊の研究とそれにまつわる問題の解決の仕事です」

「へえ。そんな仕事があるんだな」

「アリストテレスはこの店で働いていたそうですが」

「ああ、アイツとは近所の道端で出会ってな。それでウチで働かないかって誘ったんだ」

「それは、なにか理由があってですか」

「いや。これは言葉にするのは難しいんだが、歩いている姿がなにか影が薄いというか、今にも消えそうというか、そんな感じだったんだ。見ていてなんか不安でな。オレも長年店をやっていろんな人間を見てるから、そういうところは敏感なんだ。思わず声をかけた」

「なるほど」

「聞いたら、家も何もないっていうじゃないか。だから、雇ったのさ。雇ってよかったと思ってるよ。アイツは働くごとに、なんていうか、はっきりと『ここで生きているんだ』って感じになってきたしな。口はばったいが、あいつも楽しかったんじゃないか」

そういった大将はわずかに笑顔を見せた。

「ここを去る前に何か話は？」

「いや、何も言わずに去って行った。アイツは仕事もまじめだったし、風変わりだったが礼儀も弁《わきま》えてた。だから、正式に働いてもらいたかったんだが」

そう言った大将の口調はしんみりとしていた。

「まあ、黙って去ったことには、やむを得ねえ理由があったはずさ。別れを言えばオレが引き留めるし、引き留められれば断れない。そんな優しさもアイツにはあったしな」

私は、その後、店での働きぶりなどいくつか話を聞いてみたが、手掛かりになりそうなものはなかった。

「アリストテレスの住んでいたところに行ってみたいんですが」

私がそう言うと、大将がカウンターから鍵を持ってきた。

「店に来たら、ちゃんと鍵は置いてあったんだ。いいヤツだろ？」


雑居ビル三階の一室。それがアリストテレスの住まいだった。

古びたソファーに低いテーブル。本棚にはアリストテレス全集が数冊あった。アリストテレスの住処《すみか》にアリストテレス全集があることに不思議な感覚を覚えた。

部屋の中を見回しても、それ以外にめぼしいものはなかった。

アリストテレスは、しばらくの間、ここから出ていき、ここに帰っていた。しかし、そんな円環運動も途切れた。

スマホが鳴る。来島だった。

「僕の他にもアリストテレスに会ったって人が見つかりました」

「誰だい」

「作家の森典英《もりのりえい》先生です。明日、大学の学園祭で講演をするらしいんですが、その講演後にでも会いませんか？」

「今日は無理なのかな」

「なんか人に会う予定があるとかで。相手が女性であることをさりげなくアピールしてました」

電話を切ると、再び本棚を見た。端に薄いノートがあるのを見つけた。開くと、どうやらアリストテレスの日記だった。これは手掛かりになるだろう。

私はノートを手に取り、部屋を出ることにした。

事務所に帰り、ノートを読む。

それにはちょうど十月一日から一か月間の彼の生活と思索が記されていた。

分かったことがある。まず、アリストテレスが会っていたのは、最初の大学教授と来島以外にも何人かいたのだということ。また、彼らとの出会い方の多くが不自然なほどの偶然によるものだということ。彼の体が疲労も空腹も覚えず、睡眠すら必要のない状態にあったということ。そして、そうした現実を冷静に観察し、彼なりに解釈しようとしていたこと。

私は、あくまで現実を観察し、考えようとするその姿勢を彼らしいと思った。これがロゴスに従った生き方というやつだろう。

アリストテレスの哲学は、目の前の現実を観察することから始まる。私はそこが気に入っていた。世の賢人は、自分の考えに沈みすぎるあまり現実を忘れていく。しかし、アリストテレスは違った。

たとえば、彼の『形而上学』のテーマは、〝ある〟とはどういうことか、〝ある〟とはどこからきているのかだ。神秘的で壮大な問い。にもかかわらず、まず考えるのは、現実において〃ある〃という言葉がどのように使われているのか、なのだ。

存在の**カテゴリー**。人間にとっての〃ある〃の意味を、言葉の使われ方から整理したアリストテレス哲学の有名な考え方だ。『形而上学』によれば、〃ある〃には以下のような種類がある。

1　実体。すなわち、何で「ある」か。
2　性質。すなわち、どのようで「ある」か。
3　量。すなわち、どれだけ「ある」か。
4　関係。すなわち、他に対してどう「ある」か。
5　能動。すなわち、何をして「いる」か。
6　受動。すなわち、何をされて「いる」か。
7　場所。すなわち、どこに「ある」か。
8　時間。すなわち、いつ「ある」か。[※10]

『形而上学』には、「存在は多様に語られる」という名言がある[※11]が、それはこの、人間にとっての〃ある〃の複雑さを指すものだ。

私の追うアリストテレスもまた、ある実体をもって、ある性質をもって、ある量をもって、他人と関係を持ち、能動的に働きかけ、受動的に話を聞き、ある場所にいて、ある時間を過ごしている。

彼もまた様々な意味で確かに存在するのだ。目の前の現実がそれを示している。ならば会う方法もあるはずだ。それを見つければいい。それだけの話だ。

求める者の前にアリストテレスは現れる

翌日、私はとある大学の学園祭に向かった。マセラティを駐車場に置いて、正門に向かうとすでに来島は来ていた。

「森典英か。読んだことないな」

「そうですか。今度ウチの会社で新作出すんですよ」

構内のメインストリートには、学生による出店が並び、多くの人が行きかっている。私たちは、森の講演会が行われるという講堂に向かった。

森が朗々と語ったのは、小説の創作理論だった。内容はアリストテレスが『詩学』で説いたものをほぼ踏襲している。

※10　この存在のカテゴリーの分類は、『形而上学』第五巻第七章による。存在のカテゴリーは『形而上学』の他にも『カテゴリー論』『ニコマコス倫理学』『トポス論』などでも取り上げられているが、カテゴリーの数はマチマチ。
※11　『形而上学』第四巻第二章。

講演が終わると、私たちは森の控室に入った。森は主催者側と思《おぼ》しき女子学生と話をしている最中だった。

「森先生、昨日お話しした孔雀原先生です」

来島が私を紹介すると、森がこちらを向いて頭を下げた。

「僕、森っていいます」

「孔雀原と申します。早速ですがお話を伺いたいのですが」

「もちろん話すよ。僕の話でよければね」

歳は私と同じくらい。四十過ぎといったところだろう。奇妙な話し方をする男だった。

私は森からアリストテレスと出会った経緯や教わった哲学の内容などを聞いた。案の定、教わったのは『詩学』の理論だったようだ。森は〝泣ける小説〟を書くように編集者に言われ、悩んでいる最中にアリストテレスに出会ったのだという。

「お話しくださりありがとうございます」

私が礼を言うと、森はこう付け加えた。

「僕はあのアリストテレスに感謝してるんだ。本当にね」

そこで、なぜか先ほどまで森と話していた女子学生が話しかけてきた。

「あの。今の、アリストテレスの話ですか」

「あなたは？」

私が尋ねた。

「私もアリストテレスと出会ったんです」

「え、本当に？」

来島が驚いた。

「本当です。私は恋愛について悩んでいて、アリストテレスに出会ったんです」

それを聞いた森が言った。

「驚いたな。君も出会ってたのか。こんな偶然ってあるんだね」

女子学生は猫石《ねこいし》ナツメと名乗った。例のノートにあった名前だ。

私はナツメから詳しい事情を訊いた。彼女はアリストテレスから、愛とは何か、正しい生き方とは何かについて教わったようだ。これは『ニコマコス倫理学』の内容に相当するものだ。

私は話を聞き終えると、全国創業経営センターからの依頼の件を話した。ナツメは顔を曇らせた。

「じゃあ、孔雀原さんはアリストテレスを追っていた黒服の人たちと仲間なんですか」

「仲間と言えばそうだけど、ただ私はアリストテレスのために彼と会おうと思っているんだ。何か力になれるんじゃないかと思ってね」

「どういうことですか？」

「彼の蘇り方というのは、おそらく非常に不自然なものなんだ。古代ギリシャ人の彼が日本語を話していることからだって分かるだろう？　おそらく彼にとってもあまりいいことじゃないんじゃないかと思う。だからこそ、私は彼に会って、何か問題があるのならそれを解決したいと思ってるんだ。心霊学者としてね」

ナツメはしばらく黙り、再び口を開いた。

「でも、彼と会う方法なんてあるんですか」

「きっとある。ただ、もう少し時間をくれないか」

ナツメはうなずいた。森も来島もまっすぐこちらを見ていた。


翌日、私は狩屋金太郎《かりやきんたろう》事務所に電話をし、日記に書かれたアリストテレス遭遇者で私の話していない最後の重要人物である坂上雲助《さかがみくもすけ》と話をした。坂上は私がアリストテレスの調査をしていることを知ると、経験したことをすべて話してくれた。

坂上は、政治とは何かという問いで悩んでいる時にアリストテレスと出会っていた。そして、アリストテレスから政治に対する考え方を教わったが、その内容は『政治学』に相当するものであったようだ。

私にはある仮説があったが、坂上の話はそれを裏付けるものだった。

数日後、私の事務所には、ナツメ、来島、坂上、森がいた。私が呼んだのだ。全員が私のデスクの前に対面で置かれた革のソファーに座っている。

私自身は、その周りをゆっくりと歩きながら、これから行われることについて考えていた。

「僕たちを呼んだ理由は？」

森が言った。

「私の考えが正しければ、今日ここにアリストテレスは来る」

そう答えると、来島が驚いた。

「どういうことですか？」

「アリストテレスに会うには条件がいるのさ。ここにいる人間はアリストテレスに会えた。しかし、他の人間はいくら会おうとしても会えない。それはなぜか？」

「なぜなんです？」

ナツメが訊いてきた。

「それを説明するには、あのアリストテレスがどういう存在なのかをまず知っておく必要がある。そして、これは信じられないような話かもしれないんだが」

と私は前置きした。

「私の調査の結果、あのアリストテレスは、ギリシャのスタゲイラにある彼の墓で、彼の霊魂という形相が、学生の持ち込んだ日本語版『アリストテレス全集』のデータという質料と結びつくことで蘇ったと分かったんだ」

「待ってくれ」

ここで、来た時に挨拶をして以来黙っていた坂上が言った。

「形相とか質料とか言われても、何のことだか」

「簡単に言えば、今の彼は、魂の本質は彼自身ではあっても、この世に存在するための身体を形作っているのは、あくまで日本語版『アリストテレス全集』のデータなんだ。だからこそ、日本語を話し、日本で活動していた。これは、日本語で書かれ、日本で流通したという元の本の質料としての基本的性質に制約を受けている証拠だろう」

「そんな馬鹿なことが」

坂上は絶句した。

「無論、本のデータという質料は、普通の物体を形作る質料とは性質が違う。私が推測するに、彼の身体はおそらく、アリストテレス自身が考えていた星の質料のような性質を持っているのではないか、と」

「星の質料。響きは悪くないけど」

森が言った。

「星の質料の特徴は、簡単に言えば、生成と消滅のないままに運動だけを可能にする点にある。それは彼の残したノートを見ても分かる。彼は生活しながら、一切の疲労や空腹を覚えず、睡眠も必要としなかった。これは彼の身体に生成や消滅がまったく起こっていなかった証拠だ」

そう私が言うと、ここまで考え込むようにして聞いていたナツメが、再び口を開いた。

「でも、それと私たちがアリストテレスに出会えたって話はどうつながるんですか？」

「ここからはかなり大胆な仮説になる。私は、彼の身体が本のデータでできていること、それが星の質料的性質を持っていることを合わせて考えてみたんだ。すると、なぜ君たちがアリストテレスに出会えたのか見えてきた。つまり、君たちがアリストテレスを求めていたからじゃないかと」

「私たちが求めていたから？」

「まず第一に、蘇ったアリストテレスの身体は本のデータ、つまり内容だ。テレビ番組やネットの記事には偶然目に入るということがあるが、本の内容にはそれがない」

「どういうことか知りたいな」

いつの間にか勝手に、事務所の冷蔵庫の缶コーヒーを飲んでいた森が言った。

「たとえば、書店にいても、株に興味がない人間には株の本は目に入らないだろうし、野球に興味がない人間には野球の本は目に入らないだろう。また、たとえカバーは目に入ったにせよ、開いて読もうとはしないだろう。つまり、それを求める心がない限り、どんな本の内容も目の前を素通りしていくんだ。言い方を変えれば、本の内容はそれを求める者のもとにしか訪れない。アリストテレスも同じさ。彼の哲学と出会えるのは、それを求める人間だけなんだ」

「詩的だね」

そう言うと、森はコーヒーの最後の一滴を求めて缶を吸った。その音に一同が森のほうを向いた。私は話を続けた。

「そして、第二にアリストテレスが星的な質料で形作られている点からも考えてみる。星というのは、引力に引き寄せられるが、今回の場合、アリストテレスという星を引き寄せる引力は、君たちの彼の哲学を求める心だったんじゃないだろうか」

ここで来島が質問した。

「しかし、孔雀原先生。アリストテレスの哲学を求める人間なんて、私たちの他にも結構いるはずじゃ？」

「たしかにそうだ。ただ、これも仮説だが、君たちは心霊学的に見て、特に霊魂を引き寄せる力の強い体質なんじゃないだろうか。世界各地のシャーマンやイタコに見られるような。その力と哲学を求める心の相乗効果で、アリストテレスを引き寄せたんだろう」

「でも、警察官や居酒屋の大将だってアリストテレスに出会っていますよ？」

来島が質問を重ねる。

「それは、おそらくアリストテレスという星には特定の軌道があるということだ。つまり、アリストテレスが君たちに引き寄せられるその軌道上に、たまたまそういう人たちがいたってことなんじゃないか。あくまで仮説だが」

ここで顎《あご》を撫《な》でながら考え込んでいた坂上が再び口を開いた。

「なるほどな。だから私たちは集められたってわけか」

「どういうことですか」

ナツメが訊いた。

「孔雀原さんは、私たち全員が同時にここで、改めて哲学を求める心を持つことで強力な引力を作り、アリストテレスを引き寄せようって考えているんだよ」

さすが議員秘書だ。勘がいい。坂上が言葉を続けた。

「だけど、孔雀原さん。アリストテレス哲学を求める心っていっても、どうやって？」

それについては、私には考えがあった。

「君らは、アリストテレスによって神の存在がすでに証明されているって知ってたかい？」

アリストテレスの考えた「不動の動者」たる「神」

「え、本当ですか。アリストテレス哲学っていうのは、もっと現実的なものじゃないんですか？　彼はなにか神秘体験とかをしたんですか？」

ナツメが言った。

「いや、あくまで彼は現実の観察から神の存在を導き出しているんだ」

「え、現実の観察から。でもどうやって？」

私はそれには答えなかった。ナツメは考え込んでいる。これが私の狙いだった。

「それってキリスト教的な神なのかな？」

森が言う。

「ある意味ではそうだろう。ただ、アリストテレスが生きたのは、キリスト教誕生の数百年前さ。むしろ、彼の哲学は神父たちがキリスト教教義を研究するための必須教養だったんだ。アリストテレスの考えた神の姿のほうこそ、キリスト教的な神に影響を与えているんだよ」

「それで、どんな姿なの」

森の質問に私は答えなかった。

ここで来島も疑問を口にした。

「でも、アリストテレスって古代ギリシャの人ですよね。それこそ彼にとっての神はギリシャ神話に出てくるような、ゼウスやアポロン、女神アテナや、デュオニュソスみたいな神様なんじゃないんですか」

「いや、彼は神についてそういう神話的な説明だけで満足することはなかったらしい。あの当時の人間としては驚異的な気もするがね[※12]」

「じゃあ、彼の考える神って一体。それにどうやってその存在を証明したんだ」

坂上が言ったが、私はそれにも答えなかった。

気が付けば、皆、私の投げっぱなしの質問に考え込んでいる。これこそが哲学を引き寄せる体質なのだ。

その時、急にナツメが顔をあげた。私の背後を見ている。

振り向くと、そこにはアリストテレスがいた。

一目で彼だと分かった。白いシャツに灰色のチノパンを穿《は》いている。

走り寄ったナツメが黙ってアリストテレスに抱きつく。来島や森、坂上も口々に歓迎や感謝を口にしていた。

初めて見るアリストテレスの姿は、大将が言っていたように、どこか影が薄く、不思議な存在感のなさを示している。他に視線を移せば、その瞬間に忘れてしまいそうなそんな感じだった。

「久しぶりであるな、諸君。君たちには再び会いたいと思っていた」

アリストテレスは言い、早速ソファーに座った。

「一体、どこに行っていたんですか？」

来島が単刀直入に訊いた。

※12　『形而上学』第十二巻第八章の終わりに、神を人や動物の姿で考えるのは単なる創作された神話にすぎないと考えるアリストテレスの考察が見られる。

「それは〝**第一の哲学**※13〟に比べれば、些細《ささい》な事柄であろう。諸君は万物が存在し運動していることの第一の原因を探究していたのではなかったか？　物事が〝ある〟ことの究極の原因を？」

ナツメがそれに答えた。

「たしかに私たちは、あなたの考えた神がどんなものなのか、考えていたんです」

「ならば、それについて一緒に考えることが私の役割であろう」

アリストテレスはそう言ってから、一呼吸置いた。

「初めに言っておきたい。私のこれから語ることは、私の全集の一冊である『形而上学』にすべて載っているのだ。たとえ私が去ったあとであっても、本を開けばいつでも探究と語らいは再開されるであろう」

アリストテレスはすべて分かっていたようだ。ならば、ここに呼び出したことに何の意味があったのか。

アリストテレスは話を続けた。

「地上的な物体はすべて**運動**している。生まれては消え、性質を変え、量が増減し、移動する。これらはすべて運動である。転化とも呼ばれるが。先ほど、ナツメが私のもとに走り寄ったのも、私がそれでうれしい気持ちになったのも、すべて運動である。この**万物の運動が現実を形作っている**」

みな黙ってアリストテレスの話に耳を傾けている。どこかでこれが最後であることが分かっているのかもしれない。

「ところで、運動するものには、それを動かす原因がなければならない。この世に訳もなく動くものは一つもないのだから。そして、その動かす原因にも、またそれを動かす原因がなければならない」

「なるほど」

来島がうなずいてみせた。

「こうさかのぼっていった時に、現実を形作る運動の根本には必ず第一の原因があるはずである。万物の運動の始めの一押しをしている存在が。これが君たちの言う〝神〟の存在証明である。これを私は〝**不動の動者**〟と呼んでいるが」

私は別の記述も思い浮かべていた。アリストテレスにとってのこの世の運動の根本は移動であり、その移動の根本となっているのは天の星々の円環運動である。そして、この円環運動の根本にあるものこそ、この不動の動者だ、という説明が『形而上学』にはあった。※14

「不動の動者」

※13　アリストテレスは「ある」とは何かを考える哲学を、すべての哲学の根本にあるという意味で「第一の哲学」と呼んだ。

※14　不動の動者については『形而上学』第十二巻で詳しく考察される。

坂上が繰り返した。

「動かされずに動かすものである。もしそれを動かすものがいたら第一の原因にはならないであろう。では、動かされずに動かすとはどのようなことか。これはあたかも欲求されるものが欲求するものを動かすように、思惟《しい》されるものが思惟するものを動かすように他のものを動かす。[※15]たとえば、パンは空腹なものを引き寄せるが、パン自体は何の運動も行ってはいないように」

「その不動の動者はどんな姿をしているんだろう」

森が問いかけた。

「われわれの考えるような〝姿〟などないであろう。通常の物体は、形相が質料と組み合わさって存在する。質料を持っているのは、運動、すなわち転化のためである。しかし、不動の動者自体が運動することはない。したがって、質料を必要とせず**純粋な形相だけの存在**としてあるのだろう」

アリストテレスは、目の前の現実を、万物が可能態から現実態に繰り返し変わっていく過程だと考えたが、その根本にある不動の動者だけは違う。不動の動者はすでに完全にあるべき姿だ。そこから変わることはない。この不動の動者の状態をアリストテレスは〝**完全現実態**〟と呼んだ。[※16]

「では、その不動の動者はなにを考えているのだろう。どんな意識の状態にあるのだろう」

坂上が言った。

「無論、不動の動者は理性的思惟だけに浸っている。人間において観察されるように、理性的思惟はこの世において最も幸福で最高のものだからだ。しかも、人間のように欲望に邪魔されることもなく。では、不動の動者の理性的思惟の対象はなにか？　当然、最高の存在の思惟は最高のものを対象にしているはずである。ならば、それは必然的に自分自身であろう。つまり、**最高の理性的思惟が最高の理性的思惟を思惟している。**これが不動の動者の行う思惟である※17」

「なるほど。君の考えた神の姿が分かったよ」

森が言った。

「何よりである」

「いや、少し難しいですね。もっとたとえとかがないと」

ナツメが不自然なほど大きな声で言った。それを聞いたアリストテレスがこの上なく優し

※15　不動の動者は、欲求されるものや思惟されるもののように他を動かすという考察は『形而上学』第十二巻第七章に。

※16　〈本質は、ことに第一の本質は、質料をもっていない。それは完全現実態だからである〉（『形而上学』第十二巻第八章）

※17　〈ここでは理性〔思惟するもの〕とその思惟対象〔思惟されるもの〕とは同じものである〉（『形而上学』第十二巻第七章）

い調子で言った。

「ナツメよ。私は君は今の話を理解したと思っているがどうであろうか？」

ナツメは顔を赤くして黙っている。

さらば、アリストテレス

私は切り出した。

「アリストテレス。初めまして、孔雀原です。ここに来ていただいたのは、不自然な存在であるあなたがなにか困っているのではないかと考えたからです」

「そうか。その友愛に感謝する」

「しかし、あなたはすでにご自分の状況について分かっておられるようだ。ならば、むしろご迷惑だったのではないかと」

「いや、私もまた最後にナツメやノブ、典英、雲助に再び会えたならと考えていたのだ。重ねて感謝する」

「いくつかお訊きしてよろしいですか？」

「なんでも訊くがよい」

「あなたは一種の星として蘇りました」

「しかり。私も当初は喜んでいたのだ。我が身の不滅を。これでいくらでも思索を深め、思う存分私の哲学を完成させていくことができると」

ここまで言うと、アリストテレスは自嘲《じちょう》気味に笑った。

「しかし、私の思索はある限界以上に深まることは決してない。私の思索は、この日本の『アリストテレス全集』によって限界づけられているのだから」

やはりアリストテレスは分かっていた。

「それには、いつ気が付いたんですか？　あなたのノートを読みました。やはり『問題集』を手に取った時に」

「その通りである。そこには私の日々の思索がすでに書かれていた。そこで、他の『全集』も繙《ひもと》いてみた。恐るべきことに、私の考えていることはすでに『全集』に書かれている。そこで、それ以上のことを考えようともしたが、なぜかどうあがこうと考えることができないのだ」

「それは、蘇ったあなたが、『アリストテレス全集』を質料とした存在だからです。鉄を質料とした物体には、鉄ならではの限界があり、青銅を質料とした物体には青銅ならではの限界があります。言うなれば、あなたの思索の限界は『アリストテレス全集』を質料としたための質料的限界なのです」

「説得的な見解であるな。孔雀原よ、君がギリシャ人であれば、ぜひリュケイオンに迎えたかったものだ」

「恐縮です。それで、皆のもとを去ったんですか」

「単に去ったのではない。円環を断ち切り不滅から脱したのだ」

「どういうことでしょう」

「私は自分の運命を知って、我が身の不滅を呪わしく思った。哲学を深めることができないのであれば、不滅でいてなんになる。今度はこの不滅を脱する方法を思索した。そこで、私は一つの仮説にたどり着いた。私の現在の身体は一種の星的な質料からなっている。ならば、私は星と同様に何らかの円環運動をしているためにその不滅が保たれているのではないかと考えた。では、私にとっての円環運動とは何か？」

「なんだったんですか？」

「それは、あのホリフネ会館を出てホリフネ会館に帰る運動ではないかと考えたのだ」

「それでバイトをやめ、ホリフネ会館も去ったわけですか」

「すると、ホリフネ会館に帰ることをやめてしばらくして、私の存在が消滅に向かっていることを実感できた。日の経《た》つごとに人に気が付かれなくなり、今ではほとんどの人間にとって私は見えていないようだ。私の観察するところ、あと数日のうちに私の質料は消滅するであろう」

「それじゃあ、自殺とかわらないじゃないですか！」

ナツメが叫んだ。

「ナツメよ。私はすでに二千数百年前に死んでいるのだ。今回、不自然な姿で蘇ったのは偶然にすぎない。それとも、君は哲学者であるこの私に、このまま自分の過去の考えに縛りつけられたまま、永久に生きよというのかね」

「でも」

「ナツメよ。私は一度生きたのだ。正直に言えば、不幸もあり、不満もあり、未完の仕事も残った。だが、私はそれで満足している。なにしろ、こんな二千数百年後の極東の国にまで私の『全集』があり、読まれているのだ。これが哲学者冥利《みょうり》に尽きずして何であろう」

「アリストテレスの言うとおりだ」

私はナツメに向かって話した。

「いいかい。彼はすでに立派な人生を送ったんだ。そして、今の彼は生きているように見えるが、言い方を変えれば、不幸なきっかけで霊魂を牢獄《ろうごく》に捕らえられてしまったようなものなんだ。私は彼の考えを尊重すべきだと思う」

ナツメはそれを聞いて下を向いて咽《むせ》びはじめた。

その場の全員が黙ったままだったが、すぐに森が言った。

「僕は小説を書くよ。悲劇的なね」

坂上が言った。

「私は政治家として市民の幸福を作る」

来島が言った。

「僕も本を作ります。読者を見事に説得するような」

「私は」

ナツメが顔をあげた。もう泣いてはいなかった。

「私は東条《とうじょう》さんとともに徳のある人生を送ります」

「諸君。何よりである。諸君の人生という旅の仲間に私の哲学を加えてもらえたことは、本当に嬉《うれ》しいことだ」

アリストテレスは、私たちの顔を見回した。

「これから、もし私の考えたことが知りたくなったら『全集』を繙きたまえ。そして、それを伴侶として自分で考えたまえ。『全集』にあるのは私の過去である。その過去の上に君たちの新しい考えを積み上げたまえ」

そう言ったアリストテレスの姿は、ますますおぼろげな印象になっていた。

超高速！

『形而上学』の内容とは？

『形而上学』とは、「ある」とは何か、という哲学における究極の問題に挑んだ著作。ただし、一つの作品というよりは、違う時期に書かれた論文や講義ノートをまとめたものだと言われる。

1 存在を存在として研究する学問があり、それがもっとも根本的な「第一の哲学」である。

2 「存在は多様に語られる」。

3 「ある」の意味(存在のカテゴリー)。A何で「ある」か(実体)。Bどのようで「ある」か(性質)。Cどれだけ「ある」か(量)。D他に対してどう「ある」か(関係)。E何をして「いる」か(能動)。F何をされて「いる」か(受動)。Gどこに「ある」か(場所)。Hいつ「ある」か(時間)。

4 万物は「〜でありうる」という可能態から「〜である」という現実態に転化していく。

5 万物の転化には四つの種類。A生まれて、滅んでいくという「実体」における転化。B性質が変わるという「性質」における転化。C増えたり減ったりするという「量」における転化。D移動するという「場所」における転化。

6 「ある」ことの四つの原因。A形相、B質料、C始動因、D目的因。

7 形相とは、存在の本質。家で言えば設計図。

8 質料とは、存在の素材。家で言えば材料となる土や石など。物体が転化をするために必要なもの。

9 始動因とは、存在のきっかけとなるもの。家で言えば、建築家やその技術。

10 目的因とは、存在の目指すところ。家で言えば、人を住まわせるといった機能。

11 万物の本質であるイデアは物体を離れて存在するとしたプラトンの説は間違っており、逆に万物の本質である形相は物体とともにある。

12 天体は地上的な物体と違い、生成も消滅もせず円運動というはじめも終わりもない永遠の運動を行っているが、その天体すら動かす何ものかがあるはずである。

13 万物の存在と運動の根本には、自らは何ものにも動かされずに他を動かす「不動の動者」がいる。

14 不動の動者だけは質料を持たず、純粋に形相だけで存在し、自らという最高のものを思惟し続ける完全な「観想的活動」を行っている。

エピローグ

窓の外はすっかり春になっている。

事務所には、来島と同僚の青井《あおい》レイナが来ていた。今度の本の担当は二人体制だ。

「先生、いい原稿でしたよ。小説家にでもなった方がいいんじゃないですか」

来島《くるしま》が原稿の束を私に渡しながら言った。

「これ、直してほしいところ、赤字入れてありますんで。まあそんなに量はないですよ」

「そうか。いつまでに」

「来週いっぱいですかね。遅れないでくださいよ」

「あの売れない割に原稿が遅いので有名な森先生だってちゃんと書いてるんですから」

来島に続いて、レイナも詰め寄ってきた。

「売れない割に遅いって、お前。今度ウチで出した小説は、ずいぶん売れ行きいいだろ」

「まあね。私が担当したからかな」

レイナが胸を張ってみせた。来島は降参したようなポーズを見せた。

「それにしても、孔雀原《くじゃくばら》先生」

来島が言った。

「あれってもう半年近くも前のことなんですね」

「ああ」

「会いたかったな、アリストテレス。私のほうがよっぽど森《もり》先生より悩み多き人生を送ってるのに」

レイナが愚痴《ぐち》った。

来島が言った。

「そういえば、結局、例の間抜けな依頼主にはどう答えたんです」

「どうしても会えなかったって報告しておいたよ」

「そうですか」

「考えてみれば、一銭たりとももらってなかったしな。何から何までいい加減な話だった」

「あ、そうだ。例のフリーライターの五船《ごふね》から聞いたんですけど」

「ああ」

「由仁場街人《ゆにばまちひと》とかいう元政治家のジイサンがアリストテレスを学長にして、〝リュケイオン大学〟なんていうのを設立しようとして、国から却下されたらしいですよ。その理由が『学長が実在しないため』だって」

ここまで言って来島は大笑いした。レイナも笑い、私もつられて笑った。

「それは傑作だな」

「あと、政治家と言えば、坂上《さかがみ》さん、やっぱり選挙出るらしいですよ」

「らしいな。地元の市議会議員選挙に出るんだろ。前の集まりじゃ、政治に徳を求めるんだとか息巻いてたが」

あの日のメンバーは、あれからも時々集まっては飲み会のようなことをしていた。

「私、その飲み会にも行きたいんだよな」

レイナが言った。

「じゃあ、今度来いよ。ナツメちゃんの友達も来てるんだよ。なんか空手やってるっていう。お前と気が合いそうな子だったよ。なんか、レストランで大立ち回りを演じたらしい」

「なにその面白そうな話」

レイナが目を輝かせている。

「あと、ナツメちゃんの彼氏自慢も聞けるぜ。善き人なんだってよ」

「その話は興味ない」

すかさずレイナが言葉をかぶせた。

思わず、私は笑った。

「森さん以外の人の原稿も集まってるのかい」

「ええ。ナツメちゃんもちゃんと締め切りまでに書いてくれたし、坂上さんもライターつけての原稿でもうすぐ上がりそうです。五章目はアリストテレスのノートをそのまま載せようと思ってるんで、だから、あとは先生が頑張ってくれないと」

「そうか、参ったな」

その後、いくつか話をして、二人は立ち上がった。

「じゃあ、先生。失礼します」

そう言った来島に私は尋《たず》ねた。

「この本、ノンフィクションとして出すんじゃないよな」

「まさか。そんなの誰が信じるんですか。注や解説をつけて、哲学入門のための小説として出しますよ。結構売れセンなんですよ、こういうジャンル」

売れセンか。編集者的な発想だ。

そういえば、もう一つ訊《き》くのを忘れていたことがあった。

「この本のタイトルは？」

「言ってませんでしたっけ」

「ああ」

「『振り向けば、アリストテレス』——いいタイトルでしょ」

ISBN123-4-567-890XX-X
C0000 ¥1600E

1234567890XXX

1234567890XXX

定価（本体1,600円＋税）
不死鳥出版社

人生の難問、すべてアリストテレスが解決！

恋愛に悩むあなたには → 第一章 合コンでモテたい！ 『ニコマコス倫理学』

プレゼン力をつけたいあなたには → 第二章 スピーチをうまくやりたい！ 『弁論術』

政治に怒りを感じているあなたには → 第三章 政治がうまくいかない！ 『政治学』

芸術の本質を理解したいあなたには → 第四章 泣ける小説が書きたい！ 『詩学』

とにかく答えを知りたいあなたには → 第五章 二日酔いをなおしたい！ 『問題集』

存在とは何かを追究するあなたには → 第六章 まったくいったいなんなんだ！ 『形而上学』

あとがき

物語は終わり、アリストテレスは去り、「全集」は残され、著者として語ることはもうありません。ただし、最後に必要なことだけ。

まず、本書で引用した言葉の出典について。『ニコマコス倫理学』、『弁論術』、『詩学』、『問題集』は、岩波書店「新版アリストテレス全集」、『形而上学《けいじじょう》』は、岩波書店の旧版「アリストテレス全集」、『政治学』は、京都大学学術出版会「西洋古典叢書」を、補足部分などを含めて引用させていただきました。各翻訳を担当された先生方のご業績に感謝いたします。

次に、参考文献。多くの本を参考にしましたが、とくに『アリストテレス』（今道友信著・講談社学術文庫）は、執筆を通じて繰り返し読みました。著者の「不思議なことに、この円運動を行う永遠の存在はアリストテレスによって知性的存在と断定されている」というアリストテレスの天体観についての一文は、本書の物語を思いついたきっかけでもあります。

最後に、この本の制作に携《たずさ》わった皆さま、なにより、ここまでお読みくださった皆様に感謝を申し上げて今度こそ終わりとしたいと思います。

高橋健太郎

振《ふ》り向《む》けば、アリストテレス
2018年4月5日　第1刷発行

著　者　高橋健太郎《たかはしけんたろう》

発行者　富澤凡子

発行所　柏書房株式会社
東京都文京区本郷2-15-13（〒113-0033）
電話　（03）3830-1891［営業］
（03）3830-1894［編集］

装　丁　市川さつき（ISSHIKI）
本文デザイン・DTP　ISSHIKI
カバー・本文画像　iStock

印　刷　壮光舎印刷株式会社

製　本　株式会社ブックアート

ISBN978-4-7601-4974-2